基礎からわかる

数秘術の完全独習

水谷奏音

日本文芸社

Introduction

「占いは幸せになるためにある」

占いに対して、私にはこうした揺るぎない信念があります。

とはいえ、占いが「当たる」と声を大にして訴えたいわけではありません。むしろ、もう20年近くも占いの世界に携わっているのに、職業を聞かれると、私は今でも口ごもってしまうときがあるのです。それは「占い」という響きやイメージに、神秘的なものと同時に、どこか「あやしさ」みたいなものを感じてしまう側面があるからなのでしょう。

ではどうして占いを続けているのかといえば、その答えは実にシンプル。それは占いが「好き」だからです。さらにいえば「占いは、今よりもっと幸せになれるツールの一つ」「上手に付き合えば、人生を豊かにしてくれるもの」という確信があるからです。だからといって、占いを全面的に信じている、というのとはちょっと違います。むしろ占いを盲目に信じるのは危険ですし、依存するのも好ましくないでしょう。

でも私は、占いがライフラインにつながる「希望」の一つになるとさえ感じています。もしかして、直感的に占いやスピリチュアルなことに惹かれるのは、私がコア・ナンバーに「11」を、複数持っているからかもしれません。そんな性質や可能性などを知る手がかりになるのが、本書である「数秘術」の魅力の一つだといえるでしょう。性質や可能性を知る

ことは「自分らしい幸運を手にする」大きな一歩となるのですから。

　私たちの周りには、数字があふれています。

　数字と関わらずに生きていくことはできません。好きな数字があったり、縁を感じる数字があったり、さまざまな場面で数字は関わってきます。「数には意味がある」という捉え方が、数秘術の基本の考え方です。その数字の持つエネルギーを通して、自分が何者かを知る手がかりにすること、深く考えるきっかけにすること、そして自分を受け入れること、相手を知る手がかりにすること、相手にも大事な世界があることを知ること、そしてそれを受け入れることの意味などがわかります。「数秘術」は、数を通して人を深く知り、縁というものを考え、人生を開花させるきっかけになるでしょう。

　本書では、数秘術の基本となる6つのコア・ナンバーズを取り上げています。それぞれの項目をしっかり押さえながら「どう読み解くか」ということも大切にし、リーディングの方法にもページを割きました。自分を深く、多角的に知ることができるパーソナル・チャートのリーディング例、相手との付き合い方が学べる相性のリーディング例も掲載しています。

　また本書では、どの数字にも9つの「キーワード」を挙げました。7つは数字の長所ですが、2つだけ数字の弱点を加

えています。2つしかないのに、なぜか長所よりも弱点に反応する人が多いのは、日本人の気質なのでしょうか。真意はわかりませんが、この数字のキーワードを掘り下げるところから、ぜひ始めてみてください。言葉の意味を深めるとは、考えるということ。考えることによって、自分のことが徐々にわかってきます。ピンとこない言葉ほど、可能性を秘めているともいえますから、特に7つの長所を、時間をかけて掘り下げていただきたいと思います。

　また、キーワードだけで数字の理解を補うのが難しい部分は、視覚的にもわかりやすいように、数字のエネルギーを数値化し、オリジナルの「レーダーチャート」を作りました。これらの数字のエネルギーを知った上で、数字同士の相性はどうなのか、という疑問をなくすために「相性表」も作成しました。もちろんこれらは、数字のエネルギーを理解しやすくするために作ったもので、決して数字のエネルギーを限定したり、狭めたりするものではありません。

　数字のエネルギーは、本書で挙げたキーワード以外にももちろんありますから、ぜひ自分の想像力を広げ、新たな数字のイメージを加えてほしいと思います。数字と関わっていると、どの数字も素晴らしい要素があり、同時に厄介だなと感じることがあります。でもだからこそ愛おしいと感じ、触れていただけると嬉しく思います。数秘術を、自分の視野を広げる知識の一つとして取り入れてみてください。

数秘術には、ほかにも大きな魅力があります。それは「吉凶がない」ことです。また、未来はこうなると予測するものでもありませんし、否定的な断定や制限もありません。自分の生き方を大事にしたい人、どうなるかわからない未来に光をあてていきたい人、確信を持てずにいる自分の可能性を肯定したい人、そんな人におすすめなのが数秘術で、大きくて温かいまなざしを感じさせてくれるのが、この占術の特徴です。深く関わっていけばいくほど、自分の体験と結びつく感動も味わえます。

　また、個性を求めながらも、その個性をどう生かしていけばよいのか悩む人に、「自分らしさ」とは何かを見つけるためにも、数秘術は有効でしょう。個性を求められる時代だからこそ「今の時代に合った占い」だともいえます。数字のエネルギーから、新たな「気づき」を得られれば、思考に変化が現れます。思考が変われば行動が変わり、行動が変われば必然的に運命が、輝きに向かって動き出すのです。

　数秘術が、あなたの可能性に光をあてるきっかけとなりますように。どうか、こうした時代を力強く踏み出すための、新たな一歩につながりますように。

水谷奏音

Contents

第2章

ライフ・パス・ナンバーを読み解く

Contents

第3章

コア・ナンバーズを読み解く

Contents

第4章
パーソナル・チャートを読み解く

Contents

第5章

運勢を読み解く

Contents

第1章

数秘術について

数秘術の基本的な考え方や活用法を紹介します。
本書で取り扱う1〜33までの数字の基本的な特性について
ここでマスターしましょう。

数秘術
モダン・ヌメロロジーとは

　数秘術は英語でnumerology（ヌメロロジー）といい、numero（数）とlogy（学）が組み合わさった言葉です。したがって、数秘術は「数の学」といった意味を持ち、数字を元に展開される占術となります。

　とはいっても、数学的で複雑な計算が必要なわけではありません。ある一定の簡単な法則に基づきながら、生年月日と名前から数字を割り出し、その数字が持つ特徴から、「性質」や「運命」、「運気」などをみていきます。

数字の持つエネルギーを知ることで
人生の意味を読み解く現代数秘術

　数字には、それぞれ固有のエネルギーがあります。数秘術はその「意味」を読み解いていく占術なので、まずは各々の数字が持つメッセージを知る必要があります。そこで、数字を表すキーワードをピックアップしました。数字のキーワードを参考に、まずは数字の顔を把握していきましょう。

1……自立心・積極性・行動力・外交的・開拓精神・リーダーシップ・男性性・自己中心的・攻撃性

2……協調性・受容性・歩み寄り・繊細・感受性・汲み取る力・女性性・保守的・干渉的

3……喜び・楽観性・知性・ユーモア・社交性・創造性・表現力・気ま

ぐれ・責任転嫁

4……安定・現実的・管理力・具体性・建設的・持久力・まじめ・抑圧的・融通の利かなさ

5……自由・好奇心・多才・活発・変化・冒険心・発展的・飽きっぽい・欲求不満

6……母性的な愛情・親切心・育成力・バランス力・配慮・責任感・正義感・心配性・おせっかい

7……探究心・洞察力・分析力・集中力・研究心・専門性・スピリチュアリティ（精神性）・孤独感・猜疑心

8……パワー・タフ・野心的・決断力・実行力・主導力・実現力・高圧的・支配力

9……共感力・理解力・柔軟性・思いやり・癒し・寛大さ・奉仕力・ルーズ・逃避

11……直感力・使命感・共時性（シンクロニシティ）・感じ取る力・伝える力・察する力・見つける力・空想的・神経質

22……パワフル・前進力・達成力・忍耐力・意志力・カリスマ性・高い理想・執着心・頑固

33……無条件の愛・ピュア・豊かな感性・ヒーリング力・許す力・貢献力・革命を起こす力・天然・風変わり

　上記に記したように、数秘術では「ルート・ナンバー」と呼ばれる1〜9までの1桁のナンバーと、「マスター・ナンバー」と呼ばれる11、22、33の数字を使用します。数字自体に優劣があるわけではありません。数字を見る角度や、そのエネルギーの受け取り方は人によってさまざま。そういった意味では、ポジティブな側面と、ネガティブな側面が数字に含まれているといえるでしょう。

　その人自身がどう生きるかによって、引き出される側面が違ってくるともいえます。

数秘術の
歴史について

長い歴史を持つ
数の法則・数秘術

　数秘術は、今からおよそ2600年前の古代ギリシャの、哲学者でもあり数学者でもあったピュタゴラスの「宇宙のすべては数の法則に従う」という思想に基づく、数秘学という学問から始まっているといわれます。

　文字と数字が対応しているという考え方や、数には特別な意味があるという発想は、その当時からすでにあり、そのあとに出てくるユダヤ教のカバラと呼ばれる聖書解読のテクニックとしても用いられてきました。

　とはいえ、現代の数秘術で用いられている数の意味や、計算方法などとは一線を画すもので、ピュタゴラス主義者の数の形而上学と比較すると共通点はそう多くありません。

　現在の占術である数秘術のベースは、20世紀初頭にアメリカで活躍したミセス・L・ダウ・バリエッタという女性によって書かれた著作に端を発しています。

　今でこそ、名前を数字に変換したり、数が持つ特性から性格や運命を結びつけて読み解く手段はポピュラーとなりましたが、その当時はかなり画期的なものだったようです。

　なお、ピュタゴラスたちの思想をもとにしたヌメロロジーと区別するために、現代の数秘術をモダン・ヌメロロジーと呼ぶこともあります。

数秘術の
活用の仕方

よりよく生きるための
ヒントや方法を教えてくれる

　占いにはたくさんの種類がありますが、その多くは自分の性格や才能、運勢や相性などをみるものです。

　しかし、数秘術をひと言で表すならば、「自分の人生を把握するための手がかり」だといえるかもしれません。「自分がよりよく生きるためのヒント」や「果たすべき使命」、「本当に求めているものは何か」ということが、数字の持つメッセージを読み解くことでわかります。

　また、「現状に満足できない理由」や「今後の人生を切り開くための助言」などが導き出されるともいえます。そこには吉凶や否定的な断定、制限はありません。あくまでも数字のエネルギーを知り、それをどう生かしていくかは、自分次第なのです。

数秘術でわかること① 「人生の地図」

　数秘術の特徴は、その人が通る人生の道筋を教えてくれることにあります。人生は紆余曲折あるもので、簡単に言い表せるものではありませんが、よりよく生きていこうとするとき、自分の資質や才能などを最大限に発揮できれば、より豊かで充実した生活が送れるようになることは間違いないでしょう。

数秘術では「ライフ・パス・ナンバー」（46ページ〜参照）を紐解くことによって、自身の特徴をどう生かしていけばよいかがわかります。また、自身の目指すべき方向性もわかるため、人生に明かりを照らしてくれる効果があるでしょう。

数秘術でわかること② 「自分の取扱説明書」

なんとなく「自分はこんな人間だ」とはわかっていても、自分にどんな才能があるのか、何で社会に貢献していけばよいのか、どう生きていくのが幸せと感じられるか、といったことは、案外明確に把握しきれていないのではないでしょうか。

数秘術の「ディスティニー・ナンバー」（98ページ参照）では、自分のすべき役割や使命、「ソウル・ナンバー」（124ページ参照）では、自分の心の声、魂が求めているもの、「バースデー・ナンバー」（152ページ参照）では、武器となる強み、「マチュリティー・ナンバー」（165ページ参照）では、人生の後半のステージで最終的に何を実現していくのか、がわかるようになります。

それらは、まさに自分の取扱説明書ともいえるべきもの。自分をどう扱えばスイッチが入り、何をしたら壊れてしまうか、どのように使っていけば長持ちするか、有効に活用できるか、をわかりやすく教えてくれるでしょう。

数秘術でわかること③ 「人からどう見られているか」

人からの評価や、周りから見られている印象を気にしながら生きている、という人も多いのではないでしょうか。よかれと思ってした行動が、周りからは思うように評価されなかったり、なぜだかプライドの高い人だと思われたり……納得のいかないこともあるでしょう。

自分の思いが100パーセント相手に伝わることはまれで、多くは思うように届かなかったり、すれ違ったり、誤解されたりというようなことが起きてしまうのではないでしょうか。

　それは、他人が感じる自分と、自身が思っている自分の像にギャップがあるといえるからかもしれません。

　自分を知ることにプラスして、「パーソナリティー・ナンバー」（138ページ参照）を紐解くと、その溝を埋める手がかりが見つかり、よりよい人間関係を結ぶきっかけにつながるでしょう。

数秘術でわかること④ 「運気のサイクル」

　人生には、波やリズムがあります。新しいことを始めたほうがよいタイミングに物事をスタートさせれば、うまく回り出しますが、あまり動かずじっくり吟味したほうがよいときにアクションを起こすと、空回りしてしまうことになりかねません。

　数秘術で「イヤー・ナンバー」「マンス・ナンバー」「デー・ナンバー」（210ページ参照）をみることで、いつ、どのように過ごせばよいのかがわかり、行動の指針とすることができるようになります。

数秘術でわかること⑤ 「気になる人との相性」

　数秘術は、単純に「あの人とは相性がよい、悪い」ということを知るための手段ではなく、自他の本質を知って、どう向き合っていくべきか、ということを教えてくれるツールです。人間関係における「学び」を教えてくれるといってもよいでしょう。

　相手を変えるという発想ではなく、相手と関わることで起こる化学反応を通して、自分を変えていくことを知る、自分を育てるための「気づき」が得られるツールといえるかもしれません。

数秘術の
算出ルール

数秘術をする上での
基本テクニック

　数秘術では1〜9の自然数を、すべての数の基本としています。

　ですから基本的に、2桁以上の数の場合、一定の操作をして、1〜9の数字へと還元する必要があります。この操作は、数秘術を行う上で、最もベースとなる作業ですので、最初にしっかりとマスターしましょう。

「ルート・ナンバー」と
「マスター・ナンバー」

　1〜9までの数字を「ルート・ナンバー」と呼ぶのに対して、現代の数秘術では11、22、33の数を「マスター・ナンバー」と呼び、多くの数秘術師がこれを取り入れています。本書でも扱う数字は1〜9までの数字と11、22、33の計12の数字です。

　算出する際、11、22、33に関しては1桁に還元しません。それらの数字になった場合は、そのまま採用します。

　マスター・ナンバーは通常のルート・ナンバーの意味に加えて、目に見えないスピリチュアルな学びを取り入れて生きる使命のある数字、といわれています。

ルール①

「ルート・ナンバー」「マスター・ナンバー」に還元する

　すでに説明した通り、数秘術では1〜9の自然数をすべての数の基本とし、「ルート・ナンバー」と呼びます。また、11、22、33を「マスター・ナンバー」と呼び、この数字は1桁に還元せずに、そのまま利用します。

　2桁以上の数字を還元する方法は次のように行います。

●18の場合

①18を1と8それぞれ1桁に分解します。

　18→1、8

②それらを加算します。

　1 + 8 = 9

●29の場合

①29を2と9それぞれ1桁に分解します。

　29→2、9

②それらを加算します。

　2 + 9 = 1 1

③ここで導き出された「11」は、マスター・ナンバーなので、1 + 1と還元せずに、このままの数字を採用します。

ルール②
ローマ字を数字に変換する

　数秘術には、「名前あるものはすべて数に置き換えることができる」という基本原理があります。

　ディスティニー・ナンバーやソウル・ナンバー、パーソナリティー・ナンバーは、名前をローマ字にして数字に変換し、ナンバーを算出します。アルファベットがどの数字に対応しているかは、下記の変換表を参照してください。斎藤一郎さんを例にしてみましょう。

サイトウ　イチロウ → ＳＡＩＴＯ　ＩＣＨＩＲＯ

　ローマ字表記は次ページのヘボン式ローマ字を用います。長音となる「O」や「U」は使いませんので、ＳＡＩＴＯＵ、ＩＣＨＩＲＯＵとしないように注意しましょう。

ＳＡＩＴＯ　ＩＣＨＩＲＯ
１１９２６　９３８９９６

　Ｓを探して対応数字を見ると、１が対応しています。この要領でAは１、Ｉは９、Ｔは２、Ｏは６、になることがわかります。

〈変換表〉

1	2	3	4	5	6	7	8	9
A	B	C	D	E	F	G	H	I
J	K	L	M	N	O	P	Q	R
S	T	U	V	W	X	Y	Z	

ヘボン式ローマ字表記一覧

五十音

あ	A	い	I	う	U	え	E	お	O
か	KA	き	KI	く	KU	け	KE	こ	KO
さ	SA	し	SHI	す	SU	せ	SE	そ	SO
た	TA	ち	CHI	つ	TSU	て	TE	と	TO
な	NA	に	NI	ぬ	NU	ね	NE	の	NO
は	HA	ひ	HI	ふ	FU	へ	HE	ほ	HO
ま	MA	み	MI	む	MU	め	ME	も	MO
や	YA			ゆ	YU			よ	YO
ら	RA	り	RI	る	RU	れ	RE	ろ	RO
わ	WA	ゐ	I			ゑ	E	を	O

濁音・半濁音

が	GA	ぎ	GI	ぐ	GU	げ	GE	ご	GO
ざ	ZA	じ	JI	ず	ZU	ぜ	ZE	ぞ	ZO
だ	DA	ぢ	JI	づ	ZU	で	DE	ど	DO
ば	BA	び	BI	ぶ	BU	べ	BE	ぽ	BO
ぱ	PA	ぴ	PI	ぶ	PU	ぺ	PE	ぽ	PO

拗音（ようおん）

きゃ	KYA	きゅ	KYU	きょ	KYO
しゃ	SHA	しゅ	SHU	しょ	SHO
ちゃ	CHA	ちゅ	CHU	ちょ	CHO
にゃ	NYA	にゅ	NYU	にょ	NYO
ひゃ	HYA	ひゅ	HYU	ひょ	HYO
みゃ	MYA	みゅ	NYU	みょ	MYO
りゃ	RYA	りゅ	RYU	りょ	RYO
ぎゃ	GYA	ぎゅ	GYU	ぎょ	GYO
じゃ	JA	じゅ	JU	じょ	JO
びゃ	BYA	びゅ	BYU	びょ	BYO
ぴゃ	PYA	ぴゅ	PYU	ぴょ	PYO

ヘボン式ローマ字表記へ変換する際の注意

● 撥音（はつおん）「ん」について
撥音は「N」で表記する。
（例）
ほんだ→HONDA
ただし、ローマ字表記が「B」「M」「P」の前は「M」で表記する。
（例）
じんぽ→JIMBO
へんみ→HEMMI
しんぽ→SHIMPO

● 促音（そくおん）「っ」について
促音はローマ字の子音を重ねて表記する。
（例）
はった→HATTA
ただし、ローマ字表記が「CH」の前はTで表記する。
（例）
はっちょう→HATCHO

● 長音「お」「う」について
長音の「O」「U」は表記しない。
（例）
おおやま→OYAMA
さとう→SATO
ただし、末尾の長音の「お」は「O」で表記する。
（例）
たかとお→TAKATOO
※長音の「う」は末尾であるか否かにかかわらず表記しない。

数の持つ
特性について

数字には個性はあるが
優劣は存在しない

　ルート・ナンバー1〜9と、マスター・ナンバー11、22、33の計12の数字には、それぞれ意味やメッセージがあります。数字にはさまざまな個性があり、得意、不得意とする分野、好き嫌いの傾向などがわかります。

　数のキーワードには、積極的な印象の単語ばかりが並ぶ数字や、緻密で繊細な印象の数字、母性的で穏やかな数字など、さまざまな「顔」が存在しています。それは数の個性であり、数字自体に優劣があるわけではありません。

　また、数字を表すキーワードには、ポジティブだと感じるものとネガティブだと感じるものがあります。例えば、16ページで紹介した数字のキーワードを見ると、「1」は積極性、行動力、リーダーシップといった前向きな印象のキーワードが並びますが、それが行きすぎると、自己中心的になったり、攻撃性のある面が露呈したりする可能性も否定できません。それがネガティブなワードとして表現されているということです。

　それぞれのポジティブワードとネガティブワードは表裏一体。自分に関わりの深い数字の特徴を知って、自らをうまくコントロールできるようにするとよいでしょう。

レーダーチャートを見れば
ひと目で数字の特色がつかめる

　数字の持つ特性を、9つの項目に分けて、1〜7段階で表したものが、次ページ以降に掲載しているレーダーチャートです。

　項目は、「実行力」「積極性」「冒険心」「楽観性」「社交性」「共感力」「直感力」「集中力」「持久力」の9つで、中心より外側に広がっているものほど、その数字が持つエネルギーが大きくなります。

　例えば、「1」で見ると、「実行力」「積極性」が7ですから、「実行力も積極性もある」と、捉えることができますし、反対に「持久力」「共感力」「社交性」が1であることから、「ウイークポイントになりやすい」と、捉えることもできます。

　ですが、どの数字にも「0」はありません。たとえある項目の数値が低くても、その要素の「芽」は、誰もが必ず持っています。数値の低い要素については、その数字の持つエネルギー自体は低いのですが、それは「数字のエネルギー」であって、その人自身の能力が低いと決めつけるものではありません。あくまで数字の能力、傾向として受け止めましょう。

　また、レーダーチャートを見ると、1〜9、11、22、33の数字の持っている性質がひと目でわかるため、慣れてくると、チャートの形を見ただけで、「攻めることに長けているタイプだ」とか「持久戦に持ち込むのが得意だ」などを判断することも可能になります。

　自身の関連する数字に、取り立てて書かれていなかったことも、レーダーチャートを通すことによって、浮かび上がってくる特徴があるかもしれません。

　次ページからは、それぞれの数字の特性をキーワードやレーダーチャートなどで紹介しています。数字を読み解く手がかりとして活用しましょう。

Number
1

キーワード

自立心	積極性	行動力
外交的	開拓精神	リーダーシップ
男性性	自己中心的	攻撃性

レーダーチャート

実行力	7
積極性	7
冒険心	6
楽観性	4
社交性	1
共感力	1
直感力	5
集中力	4
持久力	1

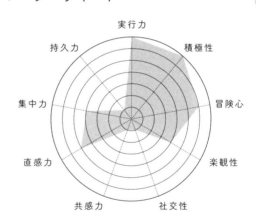

テーマカラー

レッド

パワーアイテム

新作のもの・新発売の商品・
スポーツアイテム・とがっているもの・キャンドル

代表的なパワーストーン

インカローズ・ルビー・ガーネット

パワープレイス

新天地・新規オープンのお店・
開発された場所

Number
2

キーワード

協調性	受容性	歩み寄り
繊細	感受性	汲み取る力
女性性	保守的	干渉的

レーダーチャート

実行力	2
積極性	2
冒険心	1
楽観性	1
社交性	6
共感力	7
直感力	5
集中力	5
持久力	5

テーマカラー

ホワイト

パワーアイテム

温かい食べ物・暖かいもの・オーガニックコットン・
シルク素材・クッション・タオル・絵本

代表的なパワーストーン

ムーンストーン・パール

パワープレイス

家・部屋・居心地のよい場所・
美容院・レストラン・泉

Number
3

喜び	楽観性	知性
ユーモア	社交性	創造性
表現力	気まぐれ	責任転嫁

—— レーダーチャート ——

実行力	2
積極性	5
冒険心	6
楽観性	7
社交性	7
共感力	5
直感力	4
集中力	1
持久力	1

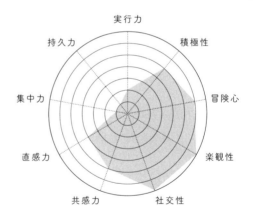

テーマカラー	パワーアイテム
イエロー	スマートフォン・雑誌・自転車・スニーカー・ポータブルオーディオプレーヤー・ゲーム

代表的なパワーストーン	パワープレイス
シトリン・アラゴナイト	アミューズメントパーク・広場・ショッピングモール・映画館・フードコート

Number
4

キーワード

安定	現実的	管理力
具体性	建設的	持久力
まじめ	抑圧的	融通の利かなさ

レーダーチャート

実行力	6
積極性	2
冒険心	1
楽観性	1
社交性	2
共感力	1
直感力	1
集中力	6
持久力	7

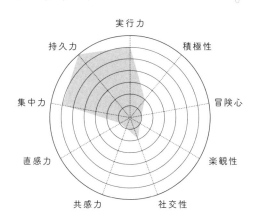

テーマカラー

グリーン

パワーアイテム

アンティーク品・伝統工芸品・
農作物・組み立てグッズ

代表的なパワーストーン

エメラルド・ヒスイ・
アベンチュリン・マラカイト

パワープレイス

伝統のある場所・歴史ある場所・
公共施設・洋館・屋敷・畑

31

Number
5

キーワード

自由	好奇心	多才
活発	変化	冒険心
発展的	飽きっぽい	欲求不満

レーダーチャート

実行力	5
積極性	7
冒険心	7
楽観性	5
社交性	3
共感力	1
直感力	6
集中力	1
持久力	1

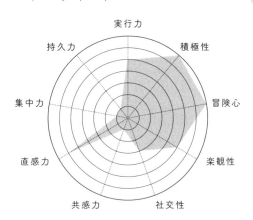

テーマカラー	パワーアイテム
ブルー	スーツケース・リュックサック・パソコン・ガイドブック

代表的なパワーストーン	パワープレイス
ターコイズ・アクアマリン・ブルーレースアゲート・ラリマー	テーマパーク・劇場・飛行場・屋上・大自然

Number
6

キーワード

母性的な愛情	親切心	育成力
バランス力	配慮	責任感
正義感	心配性	おせっかい

レーダーチャート

実行力	6
積極性	3
冒険心	1
楽観性	1
社交性	6
共感力	7
直感力	3
集中力	5
持久力	5

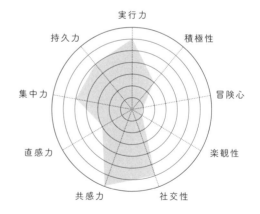

テーマカラー	パワーアイテム
ピンク	ハンドメイド品・キッチングッズ・美容グッズ

代表的なパワーストーン	パワープレイス
ローズクオーツ・モルガナイト・ロードナイト・クンツァイト	学校・図書館・クリニック・ドラッグストア・キッチン

Number
7

キーワード

探究心	洞察力	分析力
集中力	研究心	専門性
スピリチュアリティ（精神性）	孤独感	猜疑心

レーダーチャート

実行力	6
積極性	1
冒険心	3
楽観性	1
社交性	1
共感力	1
直感力	6
集中力	7
持久力	7

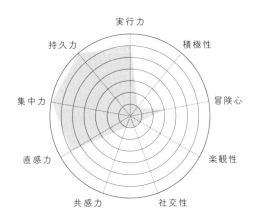

テーマカラー	パワーアイテム
ネイビー	鍵のかかるもの・小説・辞書・愛用しているもの・ワイン
代表的なパワーストーン	パワープレイス
ラピスラズリ・アイオライト	隠れ家・遺跡・研究室・ミュージアム・一人になれる場所・果樹園

Number

8

キーワード

パワー	タフ	野心的
決断力	実行力	主導力
実現力	高圧的	支配力

レーダーチャート

実行力	7
積極性	6
冒険心	4
楽観性	2
社交性	1
共感力	1
直感力	4
集中力	5
持久力	5

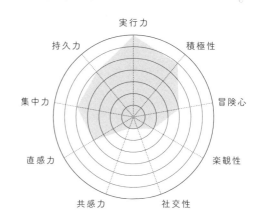

テーマカラー

オレンジ・ブラウン

パワーアイテム

スーツ・ドレス・宝石・
ブランドもの・時計

代表的なパワーストーン

カーネリアン・サンストーン・
スモーキークオーツ・タイガーアイ

パワープレイス

高層ビル・複合商業施設・大型施設・
大学・宮殿・城郭

Number
9

─── キーワード ───

共感力	理解力	柔軟性
思いやり	癒し	寛大さ
奉仕力	ルーズ	逃避

─── レーダーチャート ───

実行力	2
積極性	3
冒険心	2
楽観性	4
社交性	6
共感力	7
直感力	5
集中力	2
持久力	1

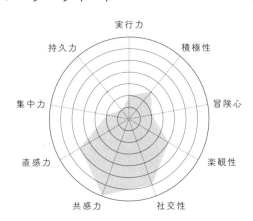

実行力
持久力　　　積極性
集中力　　　　　冒険心
直感力　　　　楽観性
共感力　　社交性

テーマカラー	パワーアイテム
パープル	生花・やわらかいもの・ぬいぐるみ・オイル・楽器

代表的なパワーストーン	パワープレイス
アメシスト・スギライト・チャロアイト	湖・噴水のある場所・公園・教会・サロン・大学病院

Number
11

キーワード

直感力	使命感	共時性（シンクロニシティ）
感じ取る力	伝える力	察する力
見つける力	空想的	神経質

レーダーチャート

実行力	2
積極性	2
冒険心	2
楽観性	3
社交性	5
共感力	6
直感力	7
集中力	5
持久力	2

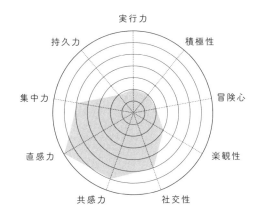

テーマカラー	**パワーアイテム**
シルバー	アクセサリー・カード類・自分の好きなもの・シャンパン・塩
代表的なパワーストーン	**パワープレイス**
ラブラドライト・ヘマタイト・ペリステライト	神社仏閣・自然の多い場所・美術館・自分がピンとくる場所

Number
22

キーワード

パワフル	前進力	達成力
忍耐力	意志力	カリスマ性
高い理想	執着心	頑固

レーダーチャート

実行力	7
積極性	6
冒険心	5
楽観性	2
社交性	1
共感力	1
直感力	6
集中力	6
持久力	7

テーマカラー

ゴールド

パワーアイテム

財布・絵画・観葉植物・
鉱物・大きな鏡

代表的なパワーストーン

ルチルクオーツ・アンバー・
パイライト

パワープレイス

たくさんの人が集まる場所・イベント会場・
コンサートホール・スタジアム

Number
33

キーワード

無条件の愛	ピュア	豊かな感性
ヒーリング力	許す力	貢献力
革命を起こす力	天然	風変わり

レーダーチャート

実行力	7
積極性	6
冒険心	5
楽観性	5
社交性	3
共感力	7
直感力	7
集中力	1
持久力	1

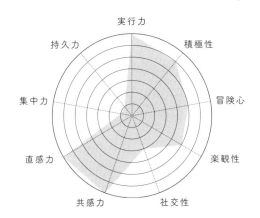

テーマカラー	パワーアイテム
レインボー	アロマオイル・ハーブ・プレゼントの品・お守り

代表的なパワーストーン	パワープレイス
ダイヤモンド・レインボークオーツ・オパール	海・大河・山・大峡谷・滝・大型医療施設

数同士の
相性について

相性は「よい、悪い」ではなく
そこから得られるものに注目する

　数字にはそれぞれ個性があり、そこには相性も存在します。相性というと「よい」か「悪い」か、という部分に反応する人が多く、性格が「合う」か「合わない」か、といった見方をしがちです。

　ここでいう相性とは、数字同士の間に生まれるエネルギーの傾向であって、単に「よい」「悪い」ということではありません。そのエネルギーの傾向をどう捉えるか、ということが大切です。

　人間関係は、お互いの置かれている状況や経験値によっても変化するものです。化学反応も起こるため、相手から学ぶことがあるということを常に忘れないようにしましょう。ちなみに、相性には「0％」も「100％」も存在しません。どんな相性でも必ず「学び」があります。

　次ページの相性表は、「☆♡△□▲■」のマークで、6つに分類しています。大まかに「☆♡△□」の白い記号は、どちらかというと同じような価値観や感性を持つもの同士、「▲■」の黒い記号は、価値観や感性が異なる傾向にあるもの同士、ということを表しています。白い記号だから合う、黒い記号だから合わない、ということにとらわれるのではなく、「そういう相性なんだな」と、まずはフラットに捉えることが大切です。そこから、「では、どのように関わっていくのがよいか」などを考え、人間関係に生かしていきましょう。

相性表の見方

　コア・ナンバー同士の関係性をみる場合……ライフ・パス・ナンバーを中心に、ほかのコア・ナンバーを、それぞれ縦軸、横軸に当てはめて、交差する部分を見ます。もちろん、気になるほかのコア・ナンバー同士が交差する部分を見るのもおすすめです。

　対人の相性をみる場合……基本的には、自分と相手のライフ・パス・ナンバーの交差する部分を見ます。関係性や知りたい項目によっては、ソウル・ナンバーやパーソナリティー・ナンバーをみることもあります（第6章参照）。

	1	2	3	4	5	6	7	8	9	11	22	33
1	☆	▲	△	■	△	■	▲	□	▲	▲	■	■
2	▲	☆	▲	□	▲	♡	□	▲	△	△	▲	△
3	△	▲	☆	▲	♡	▲	▲	■	△	△	■	▲
4	■	□	■	☆	■	△	□	♡	▲	▲	♡	▲
5	△	▲	♡	■	☆	■	▲	▲	▲	▲	■	△
6	■	♡	▲	△	■	☆	□	△	△	△	□	△
7	▲	□	▲	□	▲	□	☆	▲	■	△	▲	△
8	□	▲	■	♡	▲	△	▲	☆	■	■	♡	■
9	▲	△	△	▲	▲	△	■	■	☆	♡	□	△
11	▲	△	△	▲	▲	△	△	■	♡	☆	□	△
22	■	▲	■	♡	■	□	▲	♡	□	□	☆	□
33	■	△	△	▲	△	△	△	■	△	△	□	☆

☆　同じ価値観を持ったもの同士。だからこそ、同調と抵抗、どちらも強く現れる組み合わせ。
♡　似ている価値観を持っているもの同士。刺激は少ないものの、一緒にいてラクだと感じやすい組み合わせ。
△　どこか似通っているものを持っているもの同士。安定と刺激を適度に感じ、バランスのよい組み合わせ。
□　距離を縮めるのに時間がかかるけれど、違いを受け入れ、打ち解け合えば長く続く組み合わせ。
▲　感性が違うもの同士。足りないところを補い合えば成長できる組み合わせ。
■　違う価値観を持ったもの同士。ぶつかり合うことも多いけれど、違いを尊重できれば刺激し合える組み合わせ。

コア・ナンバーズについて

数秘術をするにあたって
核となる6つのナンバー

　コア・ナンバーズとは、数秘術で算出するナンバーの中でメインとなるナンバーのことで、「その人のコア＝核となる性質」を教えてくれる数字を指します。本書では下記の6つのナンバーをコア・ナンバーズとして取り上げています。

①ライフ・パス・ナンバー……人生において最も重要な数字。その人が通る道筋を表し、どんな才能や資質を持っているかがわかります。

②ディスティニー・ナンバー……この世で果たすべき使命、社会的な役割、人生の目的などがわかります。

③ソウル・ナンバー……魂が求める本能的な欲求を表しています。

④パーソナリティー・ナンバー……自分が他人からどう見られているか、自分の印象がわかります。

⑤バースデー・ナンバー……人生の助けとなる強みや武器を表し、ライフ・パス・ナンバーを補佐する数でもあります。

⑥マチュリティー・ナンバー……人生の後半において、重要な意味を持ってくる数字。人生の到達点を表すともいわれます。

　数秘術のリーディングでは、この6種類の数字を算出し、総合的に判断することで、その人自身を多角的に分析することが可能となります。

6つのコア・ナンバーズの関係性

　私たちが持つ6つのコア・ナンバーズ。その6つの数字の関係性を下記に図式化してみました。

　「私ってこんな人」「私のやるべきこと」「私の心」「周りから見られる私の印象」「私の強み」「後半の人生」がどのような関係にあるのか、確認してみましょう。

マチュリティー・
ナンバー
「後半の人生」
ライフ・パス・ナンバー
とディスティニー・ナン
バーの両方を消化し
たあと(自分を理解し使
命を果たした状態)の数
字

ディスティニー・ナンバー
「私のやるべきこと」
使命、役割、役回り

パーソナリティー・
ナンバー
「周りから見られる
私の印象」
周りから見える表面上
の姿、キャラクター

ライフ・パス・
ナンバー
「私ってこんな人」
本能、資質、
行動パターン
(意識できること、無意
識なところ、すべてを含
む)

ソウル・ナンバー
「私の心」
本音、魂の欲求
(普段あまり出さない部分、
隠している部分、
無意識なところ)

バースデー・
ナンバー
「私の強み」
長所、武器
(ライフ・パス・ナンバー
を生かすための数字)

数字を見れば
判断の軸となるものがわかる

　「数字の顔」の特徴をつかむ方法の一つに、考え方や行動のベースとなる「軸」を把握する方法があります。

　例えば、頭より先に体が動くといったように「身体」を軸に行動する人、「心」で感じたことを軸にする人、直感やスピリチュアルな「精神性」を軸にする人、「現実性」を重要視する人、「知性」を軸に考える人、何よりも「愛」を優先する人、「未来」に軸を置く人、などに分けられます。

　数字にはそれぞれ特徴があり、その人の持つ数字を知ることで、その人が何を軸に判断しているのか、その傾向が見えてきます。

＜考え方や行動など、判断の軸になっているもの＞

身体————1

心————2、6、（9）、（33）

精神性————7、9、11、33

現実性————4、8、22、（1）

知性（頭）——3、7

愛————2、6、9、33

未来————5、（3）

※（　）内の数字は、その特徴が一番ではありませんが、その特色を持つ数字です。あるシチュエーションでは、その部分が重要となることもありますので参考にしてください。

第2章

ライフ・パス・ナンバーを
読み解く

コア・ナンバーズと呼ばれる6つのナンバーのうち、
生年月日をもとに導くライフ・パス・ナンバーは、
その人の骨格となる数字です。
まずはライフ・パス・ナンバーについて理解を深めましょう。

コア・ナンバー①
ライフ・パス・ナンバー

持って生まれた性質や才能、
人生の道筋を表す数字

　ライフ・パス・ナンバーは、人がこの世に生まれてから通る道筋を表す数字です。

　具体的には、人の個性である行動パターンや趣向、才能や能力、生まれ持った資質、人生を彩るきっかけとなることなどがわかります。

　コア・ナンバーズの中では、ライフ・パス・ナンバーがメインの数字といってもいいほど、人の価値観を大きく左右している数字です。自身を深く理解するためにも、まずは最初に算出する数字であり、最も重要視する数字といえます。

　ライフ・パス・ナンバーは、生まれつき備わっている才能や資質を表しますので、自分にはどんな才能があるのか、それを伸ばすにはどうすればよいのか、ということを知る手がかりにもなるでしょう。

　また、自分の資質を理解すれば、人との縁を引き寄せやすくなり、息の合うパートナーを見つけやすくなる、というメリットもあります。さらに、対人関係で悩んだときは、自分と相手の性格の傾向を照らし合わせることで、相違点を知ることができ、相手への理解が促され、関係を深めるための一歩を踏み出すきっかけになるかもしれません。

　自分自身を理解し、人生をよりよく生きようとするとき、まずはライフ・パス・ナンバーを読み解く必要があるのです。

ライフ・パス・ナンバーの求め方

「生年月日」をもとに算出します。生年月日を構成している数字をすべて1桁に分解して、それらをすべて加算。加算した合計が2桁になる場合は、さらに1桁に分解して加算します。

ただし、11、22、33の数（マスター・ナンバー）になった場合は、1桁に還元せずにそのままライフ・パス・ナンバーとします。

例）1985年2月3日生まれの人の場合
①構成しているすべての数字を1桁に分解します。
198523
②すべて加算します。
1＋9＋8＋5＋2＋3＝28
③加算した合計を1桁の数か、11、22、33になるまで分解して加算します。
28→2＋8＝10
　　　1＋0＝1
→ライフ・パス・ナンバー1

<戸籍上の誕生日と実際に生まれた日が違う場合>
　基本的には、実際に生まれた日をベースに計算します。けれども、戸籍上の誕生日を日常で使っていて、自分や家族、周囲の人たちも、すべて戸籍上の誕生日で認識している場合は、戸籍上の誕生日でも算出してみましょう。両方の数字を出してみて、自分の中でしっくりくるほうの数字を選んでも構いません。

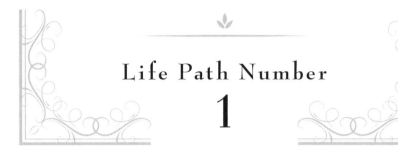

Life Path Number
1

自立心	積極性	行動力
外交的	開拓精神	リーダーシップ
男性性	自己中心的	攻撃性

絶大なパワーで周りを統率し、「前へ、前へ」と突き進む

　ライフ・パス・ナンバーが「1」の人は、「始まり」「先頭」というポジションに縁があり、新しい道を切り開いたり、グループを統率したりする力を備えています。障害があっても、ひるむことなく乗り越え、もし失敗したとしてもまた別の方法を考え出すような強い意志を持つ「1」を、周囲はリーダー的存在として扱うでしょう。わかりやすいトップの位置でなくても、物事を取り決めたり、進むべき方向性を決める発言を多くしているかもしれません。

　もし、そのような先駆者的な行動にピンとこないという場合は、内なる素質に気づいていない可能性があります。まずは、できるだけ自分の意見を表に出すように心がけてみましょう。真意をついた内容だったり、バラバラなものをまとめる力が潜んでいることを周りが感じ取り、徐々に評価されるようになるかもしれません。

「1」の人の立ち位置

　グループでは仕切り役に、また個人間の関係であれば、頼られる側になることが多く、必然的に引っ張っていく立場を求められるでしょう。壁がいくら高くても、「1」のパワフルさの前では意味を成しません。また、率いる人数の多寡も意に介せず、自分を信じて進むでしょう。

　特に大きな決断をするときは、独断的でなかったか、勢い任せでなかったかなど、ほかの人の立場になって振り返る習慣をつけてみてください。大きなトラブルに発展することなく、真のリーダーへと成長していくことができるはずです。

「1」の長所は「行動力」

　積極的に取り組む姿勢や、尻込みすることなく突き進む行動力は「1」の長所といえます。原動力となる情熱や好奇心は尽きることがないため、いつもバイタリティにあふれ、活動的です。

　ただし、その行動に客観的視点を持つことが大切。成功のための詳細な情報入手など緻密さが求められるとき、また静観する必要がある事例などでは、ミスリードする恐れもあるので、冷静な視点を持つように心がけましょう。

「1」の弱点は「継続力」

　始めたはいいけれど、それを地道に続けることをおろそかにしがち。好奇心が災いして、あちこちに目を奪われてしまうため、興味の対象が長続きしません。「これがダメなら、次はあっちをやってみよう！」と、よくいえば切り替えが早いのですが、悪くいえば、持続力に欠けるところがあります。

Life Path Number 1

仕事・才能

　何もないところから新たなものを創り出す力や、道筋が決められていないことへの対応力に優れています。新しく発足した部署や企画の立ち上げなどに関わることができれば、気持ちよく才能を発揮できるでしょう。反面、上司の力がとても強い職場や、規則などの縛りが多く自由度の低い会社にいる場合には、息苦しさを感じるかもしれません。そのため、早い段階で自ら起業したり、フリーランスで活躍したりする人も多いようです。

　前向きに物事を考えられるため、他人には困難な道に見えても本人はそれをクリアすることを面白がれるバイタリティがあります。理想や夢をいつも持ち続けることが、「1」の人生を豊かにしていく源になるのです。

恋愛・結婚

　「好きだ！」と思ったら、脇目も振らずにアピールするでしょう。それが手の届かないような存在の人でも、簡単にはあきらめません。ライバルが多かったり、障害が多かったりすればするほど、闘争心を燃やして果敢にアタックしていくことになりそうです。

　駆け引きは苦手なので、正直に思いをぶつけます。振り向いてもらえなかったとしても、自分が精一杯、愛情表現をすることができた上であれば、潔くあきらめることもできるでしょう。

　うまくいった暁には、熱しやすい分、結婚をすぐ意識するようになります。勢いで結婚を決めてしまう前に、少し冷静になって相手との未来予想図などを描いてみるとよいかもしれません。

　結婚後は自分主導で物事を進めたいタイプなので、似た者同士だと衝突はまぬがれません。相手への配慮を心がけましょう。

金運

　ポジティブ思考で、パワフルに動くタイプなので、何事にも労力を惜しみません。結果、人に引き立てられたり、出世したりすることができるため、お金に困ることはないでしょう。

　しかし、豪快な性格から、財布のひもは緩い傾向があります。自分へのご褒美、投資はもちろん、後輩や仲間にも気前よく奢ったりして、貯蓄にはあまり縁がなさそうです。

　「金は天下の回りもの」「なくなったら、また稼げばいい」という感覚があるため、お金に執着せず、将来を見据えたマネープランを立てるのが苦手かもしれません。

　熱くなってしまうと、ギャンブルなどに大金をつぎ込むことにも抵抗がなくなるため、周囲をハラハラさせることも。使う前に一度考える癖をつければ、自然と資産は増えていくでしょう。

健康運

　気力・体力ともエネルギッシュな人が多く、周囲から見ると「頑張りすぎ」と思われるほど。健康を過信してオーバーワークになりがちなので、リフレッシュするための休養をとったり、定期的に健康診断を受けるなど、意識的に身体と向き合う時間を作るようにしましょう。

　また、気質的に血の気が多く、カッとなったり、せっかちになって行動したりすることも多いので、心臓や脳などに負担がかかる心配があります。怒りに任せて勢いで行動してしまい、思わぬケガをすることもあるので、なるべく心にゆとりを持って生活してください。

　体調を崩すと熱が出やすい傾向もあります。そんなときは無理せず休むこと。とはいえ、回復も早いので、長引くことは少ないでしょう。

Life Path Number
2

ライフ・パス・ナンバー「2」のキーフレーズ

協調性	受容性	歩み寄り
繊細	感受性	汲み取る力
女性性	保守的	干渉的

空気を鋭敏にキャッチし
平和的な解決策を提案する

　ライフ・パス・ナンバーが「2」の人は、周囲の人の気持ちや立場を敏感に察することに長けています。もし自分の意見があったとしても、相手がそれを望んでいないと感じれば、あえて口に出すことはしないでしょう。

　「私」よりも「他」の意見を優先して、和を重んじます。もし仲間内で衝突するようなことがあれば、場を和ませて事態を収拾することに努めるはずです。そうした「2」の繊細な思いやりを理解してくれる人がそばにいれば、幸せを感じることができるでしょう。

　また、積極的に新しいプランを提案したり、現状打破を試みたりするようなことはせずに、欠けているものを補うことや、既存のものを融合させて、うまくバランスをとり、現状をよりよくしようと考える傾向があります。

「2」の人の立ち位置

　グループなら調整役や補佐役に、また個人間の関係であれば、相手を立ててサポートする側になることが多く、その場の状況をうまく動かす潤滑油のような存在になるでしょう。

　周りの状況を優先して考える傾向があるため、「では、あなたはどうしたいの？」と聞かれると困ってしまいます。「みんながいいようにして」というような回答をすると「本当は我慢しているんじゃない？」とか「何を考えているかわかりにくい」など、本音を言わない人と思われてしまうことも。思うことがあれば、遠慮せずに意見を言うことも、ときには必要です。

「2」の長所は「サポート力」

　単純に調整役、補佐役というと、日陰の役どころのように感じるかもしれませんが、そういうわけではありません。まとまりのない集団にうまく凸凹をなくすような働きかけをしたり、落ち込んでいる人がいれば、さりげなくモチベーションアップにつながる話題を振ったりと、抜群の気遣いで周りを成長へと導く力があるということです。周囲がレベルアップすることで、自身も幸せを感じることができるでしょう。

「2」の短所は「発信力の弱さ」

　相手の意見や気持ちを尊重するばかりに、自分の意見を押し込めてストレスをためがちです。我慢しすぎたばかりに関係性を歪めてしまったり、手助けしすぎて、逆に相手の成長を妨げてしまったりすることもあります。自分の気持ちを押し殺してしまうことは、よい結果にならないことも学びましょう。

Life Path Number 2

仕事・才能

　職場全体を客観視し、関わっている人の心情や雰囲気をスムーズに理解する能力があります。そのため、トラブルや争いの匂いを察知したら、さりげなく助け舟を出したり、火種を消したりする行動をとり、場を丸く収めるでしょう。

　自身も争い事を嫌う穏やかな性格のため、営業成績を求められたり、コンペで他社と競うといった勝負色の強い職場では伸び悩みそうです。誰かの上に立つことは好まず、上司や部下の間に入ってうまくまとめる中間管理職や、秘書的な役割で力を発揮します。相談係や仲介役など、人の気持ちに寄り添うことが求められる仕事であれば、長所を生かしてやりがいも感じられるでしょう。

　また、感受性が豊かで美的センスに優れているため、芸術的な分野で才能を発揮する人も多いようです。

恋愛・結婚

　和を大切にする「2」は、思いをストレートに表現することや大胆なアピールをすることはしません。相手の反応をよく観察しながら、柔軟に対応し、もし叶わぬ恋だと察すれば表に出すことなく、ひっそりと心の奥にしまっておくでしょう。

　ひと目惚れなど瞬間的にヒートアップすることも少なく、相手からのアプローチによって徐々に好きになることも多いのが特徴です。

　付き合い始めると相手の意向に合わせるため、衝突は少ないでしょう。また、保守的な傾向が強く、一人と長く深く付き合いたいタイプなので、安定を求めて結婚願望も早く生まれそうです。相手を思う気持ちが強くなると、独占欲や執着心も高まりやすく、束縛したり干渉しすぎたりすることがあるかもしれません。

金運

　基本的には倹約家。派手なお金の使い方はしないタイプです。

　衝動買いや大人買いなど豪快な買い物はせず、もし高額な商品を買う場合には、何度もお店に足を運んだり、少しでも安く売っている店を探したりする努力を惜しみません。きちんと検討して、後悔のないお金の使い方をするでしょう。

　しかし、人から頼まれるとはっきり断ることが苦手なため、ついお金を貸したり投資をしたりして、後々泣きを見ることがあるかもしれません。しっかりと断ることが相手の自立心を促すこともあるので、優柔不断な対応は控えましょう。

　お金を増やす場合は、ハイリスクハイリターンは狙わずに、低金利でも確実に増えていくタイプの貯蓄方法が性に合っています。

健康運

　身近な人と仲よく過ごせることを優先して生活している「2」にとって、もめ事があったり、よくない噂が立ったり、トラブルに巻き込まれたりした場合、たとえ自身が渦中の人物ではなかったとしても心穏やかではいられなくなります。

　繊細で神経質なゆえに、ストレス過多になる可能性も。目や耳に不調をきたしやすく、めまいや耳鳴りなどの症状が現れたり、自律神経の乱れから不眠症や胃痛などの病気にかかりやすくなることも。婦人科系の病気やアレルギー症状にも注意が必要です。

　また、ストレスのはけ口を求めて過食や拒食に陥る傾向があるので、大事に至る前にストレスの原因を取り除く努力をしましょう。自分では大したことではないと思うような内容でも、普段から友人や家族などに聞いてもらうようにするとよいかもしれません。

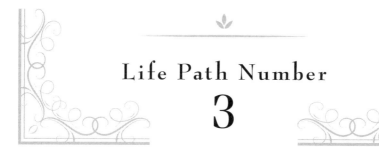

Life Path Number
3

喜び	楽観性	知性
ユーモア	社交性	創造性
表現力	気まぐれ	責任転嫁

遊び心満載で創造力が旺盛
陽気なムードメーカー

　ライフ・パス・ナンバーが「3」の人は、「楽しいかどうか」「面白いかどうか」を指針にしながら、人生を進めていきます。

　フットワークが軽く、細かいことにあまりこだわらない性質から、スイスイと居心地のよい場所を見つけ出し、楽しい、面白いと思えるものにたどり着くことができるでしょう。

　流れを読むことがうまいので、その場に応じたアイデアを提案し、クスッと笑えるユーモアを交えることも忘れません。また、一つのことに固執することがないため、人からの意見もフレキシブルに取り入れていきます。

　しかし、理解力や対応力に優れている分、こだわったり深く掘り下げていくことが苦手という側面もあるでしょう。興味の対象があちこちに移り、あれもこれもと手を出して器用貧乏に陥ることもあります。

「3」の人の立ち位置

　日常の小さなことでも面白がって楽しめる明るさは、周囲の人たちを楽しい気持ちにさせるので、「3」の周りにはいつも笑顔があふれているでしょう。

　ユーモアのセンスもあり、人気者として存在感を示しますが、地に足のついたまじめな人からは、気まぐれなお調子者として見られることもありそうです。ある人にとって、ずっと大切にしていることや譲れないことを「3」が軽く扱ったりすると、「あの人は浅い」「飽きっぽい人だ」などの評価につながることもあるので、注意しましょう。

「3」の長所は「想像力の豊かさ」

　「3」は、ワクワクすることやみんなで楽しむことを常に探してアンテナを立てているため、必然的にプラスの情報が集まります。「人生、楽しんだもの勝ち！」といったあっけらかんとした明るさも魅力の一つといえます。

　既存の概念を打ち破るような想像をするのが大好きで、「こんなものがあったら楽しいだろうな」というふとした発想から、世の中に役立つものを生み出すこともあるでしょう。

「3」の短所は「根気のなさ」

　楽観主義的な性格とはいえ、楽しいことばかりが人生ではありません。困難な状況になると「3」はこっそりとフェードアウトしたり、すぐにあきらめてしまったりする傾向があります。延々と同じことを繰り返す地道な作業も苦手です。中途半端なまま放棄して次の新しいことへ目を向けるため、堪え性がないと周囲から思われることもあります。

仕事・才能

　自分自身の気持ちが乗らないもの、興味のない仕事を我慢してやるような生活は好みません。職場も堅い雰囲気ではなく、フランクで風通しのよい環境が向いています。

　緻密で根気のいる作業や繰り返しの作業が続く職種には向かないので、事務的な仕事よりは、日々知らない人に会ったり、行ったことのない場所に出向いたりする仕事や、アイデアを求められる企画関連などが性に合っているでしょう。ゲーム感覚で営業成績を競い合えるような会社であれば、生き生きと過ごせるかもしれません。

　楽しいことを見つけたり生み出したりする才能を生かして、それをSNSで発信したり商品化したりするのも手。自分の楽しみが周囲のハッピーにつながることが多くありそうです。

恋愛・結婚

　同じ相手と長い年月をかけて深い愛を育むよりも、ワクワク、ドキドキとした刺激的な恋愛関係を求める傾向があります。そのため、魅力的な人が目の前に現れると食指が動いて、つい二股をかけてしまったり、恋人との関係がマンネリ化してくると、浮気に走ったりすることもありそうです。

　相手の喜ぶデートプランを考えたり、最新スポットを探して提案することが得意なので、魅力的に見えてモテるのですが、関係を長続きさせることがやや苦手。課題は、じっくり相手と向き合いながら関係性を深めることだといえるでしょう。

　結婚後は、記念日を大切にし、家族のイベントを楽しむことに精を出す人も多いようです。キャンプや工作なども子供と同じ感覚で一緒に楽しむことができるため、よき父・母になるでしょう。

金運

　将来に対する漠然とした不安に対して万全の対策を取ろうとするような感覚は、「3」の人にはほとんどないでしょう。

　「楽しいかどうか」を基準に考えるので、目先の欲求のためにお金を消費する傾向にあります。余裕があれば、あるだけお金を使いますし、少額しか持ち合わせていなければ、その中で満足できる使い方を模索するでしょう。ですから、もしギャンブルや投資に失敗したとしても、くよくよめげたりはしません。「なんとかなるさ」と考えて、割り切りも早いはずです。

　趣味や娯楽、交際費などには惜しまずお金を使いますが、本来、お金を稼ぐ能力が高いため、たとえ生活に困るような状況に陥ったとしても、最終的になんとかなる可能性が高いでしょう。

健康運

　気移りしやすく、集中力に欠ける点があるため、ケガや事故などを起こしやすい傾向があります。足を滑らせて転んだり、信号無視や前方不注意による衝突事故など、落ち着いて行動すれば防げるケガに注意するようにしましょう。

　楽しいことに貪欲なため、睡眠より遊びたい気持ちが勝って徹夜を続けたり、仕事に興じれば休暇を取らずに没頭したりすることもありそうです。もともと喉や肺がウイークポイントなので、体力が落ちたときには、風邪をこじらせて気管支炎や肺炎などにまで発展しかねません。休養をとることを忘れないようにしましょう。

　休暇は、家でゆったり体を休めるという「静」の過ごし方よりも、屋外で運動したり、歌ったり踊ったりという「動」の活動が性に合っており、ストレスをより発散することができそうです。

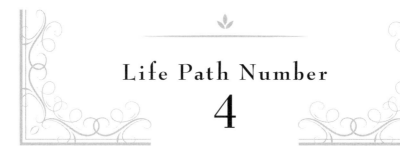

Life Path Number
4

安定	現実的	管理力
具体性	建設的	持久力
まじめ	抑圧的	融通の利かなさ

安定志向が強く
地道な努力を惜しまない

　ライフ・パス・ナンバーが「4」の人は、いつも「安心感」を求めて行動します。今日やることを確実にこなすために、前日から準備をし、不安な要素があればどんなに時間がかかっても解決しようと奔走するでしょう。ともすれば、小心者とも思われそうな動機ですが、そのまじめさが「4」の大きな武器となります。若いうちは地味な印象を持たれるかもしれませんが、忍耐力や着実さが身につくと、周囲に評価されるようになっていくでしょう。

　また、壮大な夢を語ったり、大風呂敷を広げたりしないリアリストでもあり、ゴールまでの具体的なプランを立てて、必ず到達するような持久力も持ち合わせています。

　理性的な生活態度や、口だけではない地道な行動力に、人々は信頼を寄せていくようになるはずです。

「4」の人の立ち位置

　まじめで無茶なことはしない「4」の人は、周囲から「あの人に任せておけば大丈夫」と思われることが多いはず。基本的に曲がったことやずる賢いことを好まないので、お金を扱う仕事や管理業務などを任されることが多そうです。また、一度決めたことはブレずに実行するので、周囲の信頼を確実に集めていくタイプだといえるでしょう。

　ただ、きまじめさゆえに、期待が徐々に大きくなっていくと、それに応えるために裏で過度な努力をすることになり、ときにその重圧に耐え難くなることもありそうです。

「4」の長所は「自律心」

　人の目があろうとなかろうと、毎日コツコツと努力をすることができるタイプです。

　たとえ近道やラクをできる方法を提案されたとしても、そうしたことにはあまり価値を見出さず、自制心を働かせながら根気よく物事を積み上げていくでしょう。その姿勢は、ストイックに思われることがあるかもしれません。褒められ、評価されたとしてもそれにおごることなく、目の前のやるべきことを淡々とこなす実直さがあります。

「4」の短所は「融通の利かなさ」

　行動を起こすときは、きちんとプランを立ててそれに沿って実行しようとします。きっちり遂行するための努力は惜しみませんが、途中で想定外のことが起こると、きまじめさが裏目に出てしまうことも。融通が利かないため、無理に押し進めて失敗したり、混乱してフリーズしたりしてしまうことがあるでしょう。

仕事・才能

「4」は管理することに長けています。管理といっても、人を統制したり、先頭に立って切り盛りしたりする立場ではなく、一歩引いて事態を把握し、戦略を立てるようなポジションが適役といえるでしょう。

目標に達するために、逆算して今やるべきことを割り出し、日々小さな達成を積み重ねていきます。「なんとなく、よさそうな気がする」というような感覚で物事を判断せず、堅実で失敗のない道を具体的なことから検討します。一夜漬けや強硬手段など無理をするやり方ではなく、地道にいくのが「4」のスタイルです。

また、周囲の能力や性格を把握して、適材適所に割り振ることも得意です。一人勝ちをするような勝負の仕方ではなく、よいチームを作って各々の実力を引き出しながら、無理なく成功に導いていくでしょう。

恋愛・結婚

自分を律しながらまじめに生活する「4」は、人を好きになることにはとても慎重です。恋心を抱くと、その気持ちをじっくりと時間をかけて温めるでしょう。もし相手側も自分に好意があるとわかれば、タイミングを見計らって告白をすることもありますが、玉砕覚悟で自分から果敢にアタックするようなことはしません。

また、相手からアプローチをされた場合も、その人と将来を考えられるかどうかを詳細に検討し、時間をかけて答えを出すでしょう。

結婚後は、貞操観念を持って、実直に家庭第一の生活を送ります。パートナーや子供について、自分が把握していたいタイプなので、それが強く出ると、嫉妬や束縛のように捉えられることがあるかもしれません。相手を容認し、信頼することを忘れないようにすると、よい関係性が長持ちします。

金運

　実直で現実的な性格のため、お金にも堅実に向き合います。少額のものでも、きちんと値段を見て「今、これを買う必要があるか」一考してから買い物かごに入れるタイプです。無駄遣いや大盤振る舞いのような行動とは縁遠いでしょう。

　管理能力に長けているので、貯蓄は得意。なんとなく貯まっていくという貯蓄の仕方ではなく、収入と支出の割合から、月にどのくらい貯められるか、という計算をするタイプです。

　また、事前に大きな出費があるとわかっているときは、月当たりの貯金額を割り出し、計画的に貯められます。

　投資をする場合も、営業マンに勧められるまま貯蓄商品を買ったりはしません。衝動的に決めたりせず、吟味を重ねてから購入するので失敗も少ないでしょう。

健康運

　我慢強く、泣き言を周りにもらすことが苦手な「4」は、つい無理をしがちです。仕事が忙しく睡眠不足になっていたり、熱っぽかったりする場合でも、責任感から休めない傾向があります。辛さを表に出さないため、周りにも気遣ってもらえず、身体に相当な負荷がかかっていることもあります。

　また、気づかないうちに精神的なストレスをためやすいので、やる気が出ない、気分が落ち込むなどの症状や、胃痛や下痢といったストレスから引き起こされるサインが現れたら要注意。無理をしてでも休暇を取り、心身共にリフレッシュする時間を持つよう心がけましょう。自分は頑張りすぎてしまうタイプだ、ということを意識することも大事なポイントです。

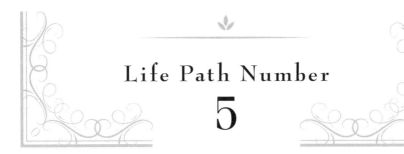

Life Path Number
5

自由	好奇心	多才
活発	変化	冒険心
発展的	飽きっぽい	欲求不満

自身を変化する環境に置くことで
多くを学び、資質を伸ばしていく

　ライフ・パス・ナンバーが「5」の人は、思い立ったらすぐに行動し、自由闊達に動き回りながら人生を楽しむタイプです。

　興味があるものにすぐ引き寄せられ、実際に見て触れることで好奇心や冒険心を満たしていきます。知りたい、学びたい、という意欲が旺盛なので、さまざまなところに首を突っ込みますが、一つの分野に深入りすることはあまりなさそうです。楽しそうなことを次から次へと見つけ、一つだけに固執しないのも「5」の特徴といえるでしょう。

　また、変化のある刺激的な環境を楽しむことで充実感を得るタイプなので、もし、今いる環境がルーティン作業をこなす平凡な日常であるなら、「5」が持っている才能を十分に発揮できていないかもしれません。心の声に従って、思い切って現状を変える勇気を持つと、人生が開けてくるはずです。

「5」の人の立ち位置

　変化を恐れず、さまざまな体験をしてきた「5」は、面白い情報やたくさんのエピソードを持っていて、話題豊富で多才な人だと思われるでしょう。次から次へと話がスピーディに展開するさまは魅力的で、エンターテインメントのごとく、いつも周りに人が集まる状況になるかもしれません。

　何ものにも縛られず、自由奔放に生きているその姿は、周囲にまぶしく映るときもありますが、現状に不満を抱いて逃避しているだけと取られたり、ただの飽きっぽい人だと思われたりする危険もはらんでいます。

「5」の長所は「冒険心」

　リスクや失敗を恐れずに、自分の気持ちに正直に行動できます。それが無謀な挑戦だったとしても、その荒波でさえ楽しめる冒険心が備わっているといえるでしょう。

　たとえ、世間がうらやむ仕事や地位を手に入れたとしても、ほかに興味を惹かれることがあれば、固執せずにあっさりと鞍替えする潔さがあります。見栄や体裁を気にすることなく、自由奔放に振る舞う姿は、清々しい印象を与えるでしょう。

「5」の短所は「飽きっぽさ」

　フットワークの軽さは評価したいところですが、刺激を求めてあれもこれもと首を突っ込んでいると、ただの落ち着きのない人と思われてしまうことがあります。

　現在の環境を手放すとき、何を得たのか、どんな点で成長したのかを改めて振り返ると、よりよいステップアップにつながるはずです。

Life Path Number 5

仕事・才能

　変化や刺激を好む性質のため、長年、同じ会社で同じ部署、同じ仲間と過ごすようなことが苦手です。

　また、毎日同じ作業をするような事務的な仕事や、年功序列のため実績を上げても評価がされにくい職場では、窮屈さを感じて、その生活から飛び出したくなるかもしれません。

　新しいアイデアをすぐに取り入れたり、職種にとらわれることなく異業種の人たちとコラボしたりするような多様性のある仕事を求め、早々に起業したり、フリーランスになったり、また、転職を繰り返したりもするでしょう。

　変化に対応する能力があるため、場の空気をいち早く察し、仕事をスピーディにこなす能力に長けています。頭の回転が早いので「できる人」と思われることも多そうです。

恋愛・結婚

　気に入った相手には、あの手この手でさまざまなアプローチをしていくでしょう。それが、どんな高嶺の花でも意に介しません。ただし、そのアタック中でも、ほかに興味を惹かれる相手がいればそちらにも手を出します。複数の人とも同時進行が可能なのが「5」の奔放さともいえるでしょう。

　結婚相手として最善なのは、相手も変化をし続けるタイプです。いつも変わらずいてくれるという安心感よりも、相手自身が変化し、共に成長できるようなパートナーが向いているでしょう。「5」は束縛されることが苦手なため、自身が自由であることも大切。そして、いつもパートナーからフレッシュな刺激を得られる関係であれば、恋愛や結婚生活を長続きさせることができるでしょう。

金運

　発想力に富み、スピーディな情報処理能力を持つことから、お金を生み出し、効率よく回転させるのが上手です。

　稼いでもお金を貯め込むことはあまりせず、直感で「いいな！」と感じるものには即断即決で使ってしまうタイプ。金額にもそれほどこだわらないため、ローンを組んでまで購入することもあり、お金の使い方も自由奔放な面があるでしょう。

　また、ギャンブル好きな面があり、「一か八か」というような刺激を求めがち。周りはハラハラさせられますが、「5」の金運自体が強いので、もし負けたとしても引きずらず、またその後もなぜかお金に困ることはなさそうです。

　貯蓄や投資も、利回りのよいハイリスクハイリターンの商品に興味を持つ傾向が高いでしょう。

健康運

　アクティブに動き回ることが大好きな「5」にとって、少々の無理は朝飯前。楽しいことなら体力的に大変でもこなすパワーがあります。知らない世界を発見したときは、未知への好奇心から寝るのも惜しまず情報収集などに奔走し、全身全霊を注ぐでしょう。

　とはいえ、メンタル面はそこまで強くはありません。もし、やりたいことができない環境に身を置くことになれば、身体より先に精神面がダウンしてしまうかも。

　そうなると、免疫力が落ちて病気を引き起こしやすくなったり、ストレスから自律神経失調症などに陥ったりすることも。まずは、自分が快適に過ごせる環境を整えることが大切です。やけになって深酒したりしないよう気をつけましょう。

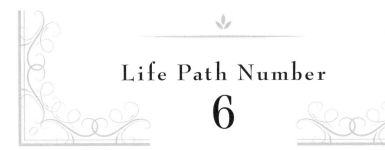

Life Path Number
6

ライフ・パス・ナンバー「6」のキーフレーズ

母性的な愛情	親切心	育成力
バランス力	配慮	責任感
正義感	心配性	おせっかい

細かい配慮が行き届き
深い愛情で周囲のお世話をする

　ライフ・パス・ナンバーが「6」の人は、思いやりにあふれていて、献身的に生きる人です。

　人から頼まれると「ノー」と言うことがなかなかできず、重責でも引き受けてしまうことが多いはず。責任感が強いため、気が乗らないことでも、最後まで面倒を見るタイプでしょう。

　人の気持ちを察することも得意で、今ここで何をしてあげたら目の前の人は喜んでくれるだろうか、と常に考える母性的な愛情を持っています。ですから、弱者を助けることはもちろん、家庭や職場などでも世話役になることが多いでしょう。

　関係が深くなってくると、配慮という域を超え、心配しすぎたり、恩を売りすぎて相手の負担になってしまうことも。また、感謝の言葉を期待しがちなのも「6」の特徴といえそうです。

「6」の人の立ち位置

　人と関わる際には、いつも気を遣って何かをしてあげる側、支える側に立つでしょう。自分のほうが年上だったり経験があったりすれば、教えたり伝えたり、育成に力を注ぐ立場になります。

　職場では上司をうまくフォローし、部下をうまく教育するでしょう。家庭では兄弟姉妹の面倒をよく見たり、親の介護などを買って出たりします。町内会やマンションの理事会役員をしたり、学校でPTAの役員を担ったりと、必要があると思えば自らの時間を提供するでしょう。最後まで面倒を見る責任感の強さからも、周囲は「6」を頼りにします。

「6」の長所は「細かい気配り」

　相手のためになることであれば、多少の犠牲を払っても構わない、という愛情深さがあります。困っている人を見かけたら、躊躇せずに手を差し伸べて助けてあげるでしょう。面倒見がよく献身的に相手に尽くすため、信頼関係を築きやすいといえます。また、自分を頼ってくる存在によって、自分もまた勇気づけられ、「この人のために頑張ろう」と自身を鼓舞することでしょう。目をかけた相手の成長が、「6」の喜びとなるのです。

「6」の短所は「おせっかいが過ぎる」

　世話好きが高じて、おせっかいになりすぎる傾向があります。相手がこうしてほしいだろうな、助けが必要だなと感じると、すぐに手を貸してしまうため、もしかしたら、相手が自分一人で解決できたであろう問題も「6」の手柄のようになってしまうことがありそうです。あえて手を貸さずに見守ることも愛情だということを覚えておきましょう。

仕事・才能

　きめ細やかな視点を持ち、他者を優先して気遣い、関わった人たちを、最善の方向に導く力を、「6」は持っています。

　先頭に立ったり、みんなを力強く引っ張ったりするリーダータイプではありませんが、状況を丁寧に把握して、ベストな道を模索することができるので、有能な指導役、アテンダーとして重宝されるはず。

　また、愛情深く、責任感も強いことから、育てたり継承したりする仕事に向いています。新人や部下の教育指導などでは、上から目線で話したりはせずに、心に寄り添い、できない点や不安な要素を取り除きながら的確なアドバイスを行うでしょう。

　また、伝統を受け継ぐような業界では、師範となって弟子たちを立派な後継者へ導くことができそうです。

恋愛・結婚

　「何かをしてあげたい」「守ってあげたい」という気持ちが強いため、献身的に尽くす恋愛をするでしょう。ときに、自身の感情にふたをして、相手ばかりを優先する恋愛を続けてしまうことも。それが愛だと当人は思っているのですが、相手には「重い」と思われて、敬遠されてしまうことがあるかもしれません。

　また、愛情があるからこそ、アドバイスをしたり、手を貸したりお世話をしたくなるものですが、相手にとっては口うるさかったり、干渉的だと思われてしまうことも。行きすぎた行動は、どちらにとっても幸せな結果を生まないこともあると理解しましょう。

　結婚後は、家族の精神面や健康面を十分に配慮し、一家団欒を大切にする、よき夫・妻・親になるべく、努力を続けるでしょう。

金運

「6」は、バランス感覚に優れているため、使いすぎて一文無しになってしまったり、客嗇家(りんしょく)になったり、というような極端な傾向はありません。人のためにお金を使うことを厭わないので、結果、信頼関係が増したり、縁が深まったりして、人生のプラスになって返ってくることもありそうです。

貯蓄も着実に増やしていくことができるタイプ。安定を重視するので、ハイリスクハイリターンの投資やギャンブルなどで大きく稼ごうという気はあまりありません。利益は少なくても元本割れをすることのないような商品を選び、無理なくお金を貯めていくはずです。大金をつかむようなことはないかもしれませんが、平均的なレベルは確保して安泰な生活を送るでしょう。

健康運

人間関係が順調にいっているときは、病気とは縁遠い生活を送れますが、人間関係がうまくいかず、心配性な面が強くなると、ストレスがたまり、胃痛を起こしたり過食に走ったりすることがあります。普段からバランスのとれた食事と適度な運動を心がけ、万が一のときに悪化しないように努めましょう。

また、完璧主義の面もあるため、人を指導する立場に立っている場合など、相手にも自分にも過度な期待をして、それに見合った結果が出ないと勝手にイライラを募らせたりしてしまうことが。そんなときは高血圧や心臓病、血流悪化による婦人科系の病気などを引き起こしやすいので、注意が必要です。

行き詰まりを感じたら、気分転換に別のグループの仲間と飲みに出かけたり、旅行などをしてストレスを発散したりするとよいでしょう。

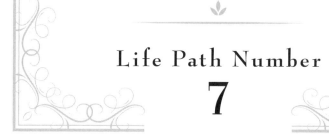

Life Path Number
7

探究心	洞察力	分析力
集中力	研究心	専門性
スピリチュアリティ（精神性）	孤独感	猜疑心

探究心に導かれて
一つの道を極めていく

　ライフ・パス・ナンバーが「7」の人は、学ぶことや観察すること、物事を深く考えることを得意とします。

　単に勉強や研究が好き、というだけではなく、既存の価値観を改めて考え直してみたり、仮定の話を実現するにはどうしたらいいだろうか、など思考する時間を大切にするでしょう。

　専門的な知識や技術を身につけることに喜びを感じ、一度習得したら、さらにまた探求していくため、分野を問わずスペシャリスト的な存在になる人が多いといえそうです。

　ただし、人とコミュニケーションをとるのがあまり得意ではなく、入手した知識や技術を自分から積極的に教えるということはあまりないかもしれません。ひたすら研究をする、分析をする、といった作業が性に合っているようです。

「7」の人の立ち位置

　その場の雰囲気やノリで、大事なことを決定してしまうことが苦手な「7」は、ワイワイとみんなで盛り上がっていても、頭の中で思考を巡らせることが多いはず。人によっては、その場から離れ、静かなところでじっくりと考えたいと望むこともありそうです。そのため、周りからは「思慮深い人」を通り越し、「神経質だ」と思われることもあるかもしれません。ただし、深い思考の結果や、さらに分析を重ねて出した答えは、周囲を驚かせ、また尊敬に値する答えを導き出すこともあります。そうなると、人々から一目置かれる存在になるでしょう。

「7」の長所は「探究心」

　ほとんどの人があきらめてしまう状況でも、「7」は執念深く真実を追求する粘り強さを持っています。本当のことを知りたいという思いが強く、そこに到達するまでは簡単にギブアップしません。その探究心は途切れることなく、実を結ぶまで追い続けるため、結果、周囲が認めるスペシャリストになることが多いでしょう。

　人生において、探求し続けるテーマを見つけられることが、自身の充実度、幸福度にも大きく関わってくるといえそうです。

「7」の短所は「猜疑心」

　よく観察して分析することを常としている「7」は、人の言うことやマスコミの情報などを鵜呑みにしない傾向があります。何を根拠にしているのか、データは正しいのか、など自分で裏を取った上で初めて信じる気になるため、疑い深い人と思われることがありそうです。警戒心や疑い深さが過ぎると、不本意に周囲を傷つけることにもなりかねません。

　一つの分野をとことん掘り下げて考えていくことが得意なので、研究職や専門職が向いています。

　上司の顔色を窺ったり、派閥に属したりせずに、マイペースに自分の興味を持った分野に没頭していくでしょう。一見、組織向きではないようにみえますが、研究職で業績を上げ、会社に大きな貢献をもたらすこともありそうです。

　また、一つの道を極める職人のような仕事でも成功できる可能性が高いでしょう。自分が知らないことを学ぶ喜びや、できないことができるようになるプロセスを心から楽しむことができるため、たとえ苦行のような状況が続いたとしても、それすらも幸せな時間と捉えることができる精神的なタフさを持っています。

恋愛・結婚

　没頭できる勉学や仕事があると、それほど恋愛に興味を持たない傾向があります。いつも理性的でありたいと願う「7」は、嫉妬をしたり、些細なことで喧嘩をしたりといった恋愛における感情で、むやみに心を乱されるのを煩わしく思うからです。

　たとえ自分が冷静さを保てたとしても、相手が感情的になったり、恋人に干渉されたりして一人の時間を持ちにくくなったりすると、だんだんと窮屈な思いを感じてしまうはず。あくまで恋愛はクールに、が「7」の身上。自分の生活スタイルを壊してまで関係を続けたくないと考えそうです。

　とはいえ、そのようなスタンスを理解してくれるパートナーが現れたなら、その絆は誰よりも強固となります。結婚後もコミュニケーションをしっかりととっていけば、長続きするでしょう。

金運

「7」は、お金との付き合い方もクールです。お金に執着して金儲けに走ることはみっともないと考え、手元にある範囲内で、いかに快適に暮らすか、ということを思案するでしょう。

自分の働きについて正当な対価を客観視できるので、給与に不満を持ったり、過剰に要求することなどもしないはず。

また、「みんなが欲しがっているから買ってみよう」とか「特売セールだから並んでも買う」というように、状況に流された買い物はしないタイプです。そのため、一見堅実に見えるかもしれません。しかし、価値を見出したものには高い出費も厭いません。自分の好奇心を満たす本や勉強会、旅行などにはいくらでもつぎ込むため、結果、手元にお金がそれほどないということも起こりえます。

健康運

コミュニケーションを取ることがあまり得意ではないため、人との関わりの中でストレスをためやすく、また弱音を吐くことができずに、つい無理をしてしまう傾向があります。

特に、大人数の飲み会や知らない人たちが集うパーティなどは、気を遣って心が疲れてしまうはず。なるべく我慢せず、心許せる人や、一人の時間を確保し、好きなお酒を飲んだりおいしい食事をしたりして、上手に発散していきましょう。

また、一つのものに没頭している時間が長くなると、食事をおろそかにしがちです。偏食すると、ホルモンバランスが崩れて婦人科系の病気を引き起こしてしまったり、腎臓に負担をかけることになったり、大病を引き起こす原因にもなります。どんなに忙しくても、バランスのとれた食事を心がけるようにしましょう。

Life Path Number
8

パワー	タフ	野心的
決断力	実行力	主導力
実現力	高圧的	支配力

精神的、肉体的なタフさで
力や富を手中に収める

　ライフ・パス・ナンバーが「8」の人は、マネジメント能力が高く、周囲をうまく巻き込みながら、掲げた目標に向かって確実に結果を出そうと動きます。

　その行動力はパワフルで、誰も止めることができないでしょう。ぼんやりと毎日を過ごすようなことはほとんどなく、公私の境なく目的意識を持って生活するため、必然的にレベルアップしていくことになります。周囲は「8」のストイックな考えに触れると、その圧倒的パワーから評価せざるをえなくなり、結果、地位や名誉を手中に収めることにつながっていきます。

　ただし、権力や富に重きを置きすぎると、「8」の統率力や問題解決能力は影を潜める傾向に。目的を見失わずに、努力を惜しまぬ姿勢を保つよう心がけてください。

「8」の人の立ち位置

　グループや物事をうまく取り仕切り、采配センスを発揮するでしょう。周りの人々の長所と短所を見極めて、ベストなポジションを与えて能力を発揮させ、結果、チームの成果を上げたり、いち早くゴールへと導いたりすることができます。

　それらの実績を積み重ねた「8」は、周囲から頼りにされ、相応の地位に上っていきます。もし、まだ社会的ポジションを得られていなかったとしても、ゆくゆくはそのような階段を上っていく素質が十分ありますし、家族や友達といった小さな輪の中では、すでに仕切り役として活躍していることもありそうです。

「8」の長所は「リーダーシップ」

　「8」は組織やグループのトップに立って、周囲の人たちの能力を引き出すことが得意です。また、広い視野で物事を見ることができ、くじけることなく成し遂げようと策を練ります。その方法は「コツコツ地道に努力を重ねて」という形ではなく、パワフルで、やや強引になることもありそうです。手がけたことをあきらめずに達成する力は、他を圧倒し、そして周囲から尊敬されるまでになるでしょう。

「8」の短所は「高圧的」

　目的の達成を阻むものには、あらゆる手段を使っても戦う姿勢を見せます。相手が権力者や目上の人であっても気にしません。指図されることを嫌う傾向があり、途中で、目標への到達ではなく、パワーへの執着にすり替わることがあるので注意しましょう。また、異なる考え方を持つ人を「敵」とみなし、高圧的な態度で接することもあります。

仕事・才能

「8」には抜群の行動力があり、野心も強いので仕事人間になりがちです。寝る間を惜しんで企画を考えたり、営業に走り回ったりするなど、心身ともにタフなため、難しい局面でも粘り強く、力技でこなしていくでしょう。目的達成のためなら、身を粉にして働く努力を厭わないので、結果、成功を収め、リーダーとしての頭角を現します。後輩や部下をコントロールして采配をふるう能力もあるので、出世街道を進んでいくでしょう。

ただし、頼り甲斐のある人、と慕われているうちはいいのですが、調子に乗って一線を超えてしまうことも。思い通りに人をコントロールしようとしたり、圧力をかけすぎてハラスメントと取られてしまうこともあるので、注意が必要です。

恋愛・結婚

「好きな人をどうしても振り向かせたい」「今年は必ず結婚する」などの目標を持った場合、それに向けてあらゆる努力をするのが「8」の特徴だといえるでしょう。

それがたとえ、パートナーのいる相手であろうとも、何度も断られた相手であろうともお構いなし。あの手この手でアプローチして、手中に収めようとします。しかし、目標を達成したあとは、案外あっさりと熱が冷めやすい傾向が。

相性のよい人は、自分よりも秀でた部分を持っていると認めた人か、もしくは自分を全面的に頼ってくれるタイプ。また、仕事などを通じて共通の話題を持った相手とは長続きするでしょう。

結婚後は、男女問わず、仕事を優先する傾向があるため、パートナーへの配慮を忘れないようにすることが大切です。

金運

「8」の人は、道を自分で切り開いていく実行力があるため、お金は必然的にあとからついてきます。生活に困るようなことはまずないといえるでしょう。会社員なら、結果を出してボーナスを多く獲得したり、出世することで給料がアップしていくはずです。成功＝お金と思いがちなので、金額で評価されることに喜びを感じます。

事業を始めた場合には、お金につながるアイデアを頻発し、大金が転がり込んでくるような運も持ち合わせている可能性が。

周りから頼られるポジションにいる場合、大判振る舞いをしがちです。羽振りをよく見せたいなどの見栄が出てくると、徐々に拝金志向に偏り始め、人としての魅力が失せてしまうことになりかねません。常に客観視することを忘れずに、本当の豊かさに目を向け、初心を忘れることなく生活するようにしましょう。

健康運

目の前のことに全力投球するパワフルさを持っているので、軽い風邪や体調不良は、気力で吹き飛ばしてしまうほど。いつも快活に動き回っている「8」は、病気とは無縁な印象を持たれているでしょう。

実際は目標達成に没頭するあまり、徹夜続きの生活をしたり、食事をおろそかにするなど、体調管理は二の次に回って、知らぬ間に疲労をため込んでいることが多そうです。

また、裕福になって贅沢をしだすと、生活習慣病を引き起こしがちになります。暴飲暴食には注意してください。

身体を壊してしまってから、不摂生を後悔することのないよう、定期的に休みを取るようにし、健康診断を受ける日にちを設定するなど、日頃から健康を意識する習慣を作りましょう。

Life Path Number
9

共感力	理解力	柔軟性
思いやり	癒し	寛大さ
奉仕力	ルーズ	逃避

高い共感力で人々に寄り添う
慈愛に満ちたヒーラー

　ライフ・パス・ナンバーが「9」の人は、1～8すべての数字の要素を内包しているため、あらゆるタイプの生き方に共感し、考え方に理解を示すことができるといわれています。

　元来、優しい気持ちの持ち主なので、自分が悲しい体験や辛い思いをすればするほど、慈愛心が増し、他人に対しても寛大になっていくでしょう。

　また、歳を重ねるうち、他人の失敗や苦労までも、まるで自分のことのように体得していくため、どこか達観したような雰囲気を醸し出すようになります。

　気をつけたいのは、共感力が高いため、関わる人に感情移入しすぎて自分の意見をはっきり言えなくなってしまうこと。そうなると、喧嘩の仲裁をすることすら苦手になる可能性があります。

「9」の人の立ち位置

　癖の強い人や、みんなに煙たがれている人にも、「9」はフラットな立場で接します。本質的によい部分を見つけ出して良好な関係を築くタイプでしょう。気まずい雰囲気も穏やかにする力があるので、癒しキャラとして重宝がられるかもしれません。

　ただ、人の気持ちを優先して、自分のことを後回しにしがちなため、損な役回りをつい引き受けてしまうことがありそうです。

　また、我を出すのがどちらかというと面倒なタイプ。執着もあまりせず、細かいこともそれほど気にしません。その分、周りも変な気を遣わなくてすむため、自然と周囲を惹きつけているでしょう。

「9」の長所は「包容力」

　自分の意見よりも、まず人の意見に耳を傾ける傾向がある「9」は、相手の気持ちを鋭敏に察し、大きな愛で理解したいと考えます。持ち前の共感力で他人の苦しみや悲しみ、辛い状況に寄り添い、人に癒しを与えます。理解力にも優れているので、信頼も得やすいでしょう。

　しかし、もし自分の抱える荷物が重すぎる、と感じたときは、たまには人に頼ったり、断ったりすることにもトライしてください。

「9」の短所は「ルーズさ」

　寛容な面は「9」の魅力ですが、なんでも受け入れていると、ルーズな面が強調されやすくなります。「なんでもよい」が「どうでもよい」とならないよう、注意しましょう。「面倒くさいな」と感じ始めたら、逃げ出したくなることも。大事な場面から逃げてしまうと、これまでの信用を失う可能性もあるので気をつけましょう。

仕事・才能

　根底に博愛主義的な思想があり、周りの人たちすべての望みが叶うように、またみんなが幸せと感じられるためにはどうしたらいいだろうか、と常に考えています。

　事務的なことや、地に足のついた現実的な作業などはあまり得意ではないかもしれません。自分のため、会社のためといった狭い視野ではなく、人道的な観点や世界的平和、といったようなグローバルな視点で物事を見ていくタイプですから、自分の倫理観を軸に動くことができる仕事が向いているでしょう。

　弱い者への思いが強いため、利益を度外視した事業を興したり、仕事とは別にボランティア活動などに精を出す場合もありそうです。利他的に行動することで、自身の心が満たされて充実感を得ることができるでしょう。

恋愛・結婚

　どんなタイプの人間でも拒むことなく、会話する機会を多く持ち、より理解を深めようとするため、「9」の周りには、男女問わずいつもたくさんの人が集まってきます。その中で共感から恋愛に発展する関係も多いでしょう。自分から積極的に好きになるというより、気持ちを打ち明けられてだんだん相手を好きになっていく、一緒にいるうちに自然と恋に発展していく、そんなパターンが多いようです。

　ただし、割とオープンな性格であることと、言い寄られると断り切れない優柔不断なところがありますから、パートナーを不安にさせないよう気をつける配慮が必要になります。

　結婚後は、「家庭」という同じ枠組みの中で、「9」の寛容さが功を奏すと、穏やかで円満な家庭を育むことができそうです。

金運

お金に対して執着心が薄く、関心もそれほど高くはありません。お金よりも大切なものがあるという考えの持ち主といえるでしょう。買い物においても、「今、必要だから購入する」といったシンプルな感覚ですから、購入に手間をかけるよりも「これでよい」と納得したら、それでよいはず。

そうかといってお金に無頓着なわけではなく、「人を助ける」といったような使命感や、「トラブルを解決する」といった目的意識が掲げられているような場合には、しっかりと働き、それに見合う報酬が手に入るよう努力するでしょう。また、本当にお金が必要となったときは、不思議と必要な額が手に入る可能性も。

私利私欲のためにお金を儲けるという感覚が少ない分、人望を集めますが、利用されないよう気をつけることも必要です。

健康運

そんなつもりはなくても、周囲から「健康おたく」と思われるほど健康への関心が高く、知識を多く持ち合わせているのが「9」の特徴です。

病気は未然に防ぐもの、というポリシーのもと、食事には十分な配慮をし、定期検診やジム通い、ウオーキングやヨガなど身体によいといわれるものは、どんどん取り入れるタイプでしょう。新しいサプリメントが出たら、人より早く試すこともありそうです。

ただし、やりすぎてしまうと、かえってバランスを崩すことにもなりかねません。必要のないものまで取り入れて、結局どれが自分に合っているのかわからなくなってしまうこともあるでしょう。

また、代謝が悪くなりがちなので、意識的に身体を温め、無駄な脂肪をつけないように、適度な運動、筋力をつける努力を心がけて。

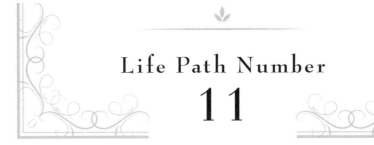

Life Path Number
11

直感力	使命感	共時性（シンクロニシティ）
感じ取る力	伝える力	察する力
見つける力	空想的	神経質

冴え渡る直感力で幸運を招き
周囲の人生にも影響を与える

　ライフ・パス・ナンバーが「11」の人は、インスピレーションを感じ取る能力に優れています。論理的に物事を考えるのではなく、感覚的な判断で行動することが多いでしょう。

　実際、なんとなく惹かれる方向に進むと、幸運が舞い降りたり、また危機を回避できたりといった、理屈ではない天啓が降りてくることがあるのも「11」です。

　また、そのインスピレーションを自身で活用するだけではなく、人々に啓示を伝えることを使命とし、多くの人たちの人生に影響を与えていくことでしょう。

　しかし感受性が強いために、人々の「気」や「圧」を感じやすく、ストレスをためてしまいがちに。感情のコントロールがしにくくなったときは、心を解放する手段を用意しておくとよいでしょう。

「11」の人の立ち位置

インスピレーションを大事にする「11」は、まずそれを自分自身に役立てます。そして徐々に、周囲の人たちにもスピリチュアルな目覚めが発見できるよう、働きかけていくでしょう。繊細でどこか天然な魅力で人を引きつけます。そうした振る舞いは、最初のうちは周りを戸惑わせるかもしれません。ですがだんだんと、「11」の直感や感性の鋭さには「何かある」と思わざるをえない説得力を感じるようになるでしょう。

ただし、感覚だけで伝えると、うまく伝わらないことが。言葉にしたときにきちんと通じるよう、話すときは明確な表現を。そうすることで、周囲の人たちに気づきを与えることができるはずです。

「11」の長所は「感受性の鋭さ」

繊細で鋭い感性を持った「11」は、相手のしてほしいことや、段取りを直感で要領よく捉えていきます。物わかりがよく、吸収力も高いため、「勘がいい人」と評価されるでしょう。

なんとなく危険な匂いがするからやめるとか、二者択一でラッキーなほうを自然と選ぶなど、感覚的に幸運を手にしていそうです。「なんとなく」という理由が、大きな幸運につながっていることが多いでしょう。

「11」の短所は「過敏さ」

感受性が高く、嗅覚が優れているため、言葉尻や態度から相手の感情をキャッチしすぎる傾向があります。気づかなければ、何事もなくやりすごせたことが、いちいち引っかかってしまうため、気持ちを整理しきれなかったり、感情の消化不良を起こしてしまったり、ストレスを自ら引き込んでしまうようなところがあるでしょう。

仕事・才能

　優れた直観力と、世間の流行や最新情報をキャッチする能力で、人とは一線を画したセンスを持った人といえそうです。外見的にもオシャレで魅力的な印象を与えるため、それを武器に仕事をしていくことができるかもしれません。

　ただし、「11」は、人の心に訴えかけるメッセージ性の強い仕事にやりがいを感じるタイプで、物質的な豊かさや、派手な地位や名誉などは望みません。有名になれるとか、うまい儲け話があったとしても、「何か違う」と感じたら、あっさりと手を引く可能性も。

　センスを必要とするデザイン・芸術関係の仕事や、神秘的な体験を生かす仕事によって、周囲の人たちに気づきを与え、スピリチュアルな目覚めを与えていく道を選ぶことになるはずです。

恋愛・結婚

　直感を大切にする「11」は、「この人だ！」と感じたら一直線に突き進むところがあります。感情が高ぶると、情熱的なアプローチをすることもありそうです。

　しかし、相手に恋人や家庭があるとわかったり、脈がないと悟ったりすると、自分の感情をうまくコントロールして、燃え上がっていた気持ちをあっさりと鎮め、潔く身を引くような冷静さも持っています。

　「11」は、魅力的で人から注目されるオーラを持っている上、一人の時間を大切にしたい気持ちも強いので、パートナーになる相手は束縛しない寛容な人が向いているでしょう。深い絆を築いた相手と家庭を持てたならば、鋭い洞察力と持ち前の直感力で、パートナーや子供を精神的に支えていきます。

金運

　お金に関心がないわけではありませんが、お金を貯めることや儲けることにあまり重きを置かないタイプです。直感的にピンときたものを買ったり投資をしたりすることが多く、一時期だけを見ると、散財していたり浪費家のように見えたりすることも。

　また、より多くのお金を稼ぐよりも、より多くの人の心に響く活動をしたい、と考えるため、たとえそれが最初は収入に直結しなかったとしても、あまり気にならないでしょう。ただ、そうした活動が注目を集めれば、自然とお金がついてくるようになり、収入も安定していくという形に。

　そもそも「11」は、お金がない時期があったとしても、誰かが助けてくれる魅力や縁の持ち主です。お金を節約したり貯蓄を増やしたりすることは上手といえませんが、お金に困ることは少ないでしょう。

健康運

　センサーの敏感な「11」は、言外にあるニュアンスを感じ取ったり、場の空気を読んで取り繕ったりしてしまうところがあります。たくさんの人たちと接していると、精神的に疲れてしまう可能性が高いでしょう。心のダメージから体調に不具合を起こしやすいタイプなので、胃腸炎や偏頭痛などに悩まされる人も。

　ストレスをためないように、一人の時間を大切にして心を解放しましょう。自然豊かな場所でのんびりするなど、そうした時間の工夫が「11」には必要不可欠です。

　また、体質的にアレルギー症状が出やすく、鼻炎やじんましんなどに悩まされることも。症状が重くなる前に腸内環境を整えたり、アレルゲンを特定して対処療法をとるなど、先手を打つとよいでしょう。

Life Path Number
22

ライフ・パス・ナンバー「22」のキーフレーズ

パワフル	前進力	達成力
忍耐力	意志力	カリスマ性
高い理想	執着心	頑固

強固な信念とパワフルさで
理想を現実のものにする

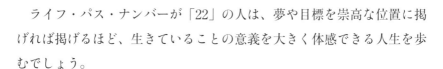

　ライフ・パス・ナンバーが「22」の人は、夢や目標を崇高な位置に掲げれば掲げるほど、生きていることの意義を大きく体感できる人生を歩むでしょう。

　理想を具現化するのには、とてつもない時間がかかり、また数多くのトラブルに見舞われることもあります。

　しかし、「22」にはそれに耐えられるだけの忍耐力やポジティブさが備わっており、いずれは克服して、夢を叶えていくでしょう。

　「22」は、ルート・ナンバーにすると「4」なので、共通する性質を持っていますが、「4」は最終目標を「現実的」な部分に設定するのに対し、「22」はさらに「精神的」なところを重視します。「現実性＋スピリチュアル」な面が具現化すれば、「22」のカリスマ性に磨きがかかり、人々を導く力もより増していくでしょう。

「22」の人の立ち位置

　まじめで誠実な人柄から、周囲にいる人たちをとても大切にします。友達、同僚、家族、恋人など自分との距離が近い人たちが困っていれば、自分のことはさておいて全身全霊でサポートしたり、問題解決のために奔走したりすることでしょう。ですから、周りの人たちからは頼りがいのあるスーパーヒーローのように思われていることが多そうです。

　ただし、自分が相手を理解しているつもりでも、相手が自分をすべてわかってくれているわけではありません。自分の理想や信念を理解してもらうには時間がかかると心得ておきましょう。

「22」の長所は「やり抜く力」

　最初は小さな目標でも、それを達成していくにつれ、経験値がどんどん上がり、「22」の力が大きくパワーアップしていきます。

　高い理想を実現させるには、長い時間がかかるかもしれません。しかし「22」は、途中であきらめたり妥協したりすることなく、地道に、パワフルに夢を叶えるべく邁進していくはず。その執念ともいえるパワーこそが「22」の意志力であり、カリスマ的存在になる所以でしょう。

「22」の短所は「頑固」

　大きな夢を持つことはよいことですが、うまく事態が進まずにいら立ち始めると、頑固になって人の意見に耳を傾けられなくなります。信念を貫いているつもりでも、単なる八つ当たりをしているように思われてしまうことが。うまくいかないときこそ、心に余裕を持って、柔軟性を意識しましょう。自分だけで頑張るより、周りの力を借りたほうが、高い理想は実現しやすくなるはずです。

仕事・才能

「22」は、「出世したい」「お金持ちになりたい」というような個人的な目標ではなく、もっと広い視野を持ち、大きなビジョンを心に秘めて活動します。

例えばそれは、会社を飛躍的に成長させたり、社会貢献のためには何をするべきか、といったような視点だったり、ニュースなどで話題になっている社会問題に取り組んだり、というスケールの大きなことかもしれません。

高い問題意識を持つだけではなく、パワフルな行動力と強固なまでのこだわりを持って成し遂げる力は、人並みはずれたものがあるでしょう。「22」は、どんな職種についてもトップに立つ器があります。次々に起こる困難にも果敢に立ち向かっていけるでしょう。

恋愛・結婚

「22」の人は、「4」の性質を併せ持つことから、恋愛に対してもまじめに向き合い、誠実な関係を築こうとするでしょう。

もし相手に困っていることがあれば、親身に相談に乗り、問題を一緒に解決するべく奮闘を重ねます。努力の末にパートナーになったならば、ひたむきに相手を思い大切にするでしょう。

しかし、まじめさゆえに、恋愛関係や結婚生活を「続けること」に執着してしまうことがありそうです。関係を続けるために、正しいと思うことを頑なに押し通したり、反対に無理や我慢をしてまで相手に合わせたり。

自分の中の理想像を壊したくない、という気持ちが強すぎると、本末転倒で二人の幸せとはほど遠くなっていくことも、念頭に置いておきましょう。

金運

「22」の人は、商才があり、ハイリスクといわれる投資や事業にも果敢に取り組み、着実にこなして成功し、ハイリターンを得ることができるタイプです。

だからといって、一か八かのギャンブル好きというわけではなく、必要なときには倹約をして、着実にお金を貯める能力にも長けています。自活力が旺盛なので、仮にどん底からのスタートだとしても、そこから努力を積み重ね、チャンスをものにして最終的には財を成すことができるでしょう。

ただし、成功すれば嫉妬されるのも世の常。周囲への感謝の気持ちや、関わった人への利益の還元などを忘れないようにすることが、金運維持のカギとなります。

健康運

目標を達成するために精力的に活動し、それをキープするための強い精神力を持っています。多少の体調不良であれば、気持ちで治してしまうようなタフさがあるといえるでしょう。

ポジティブに物事を捉えることもできるため、もし病気を患ったとしても、悲観的なことや難点に目を向けるのではなく、どのように克服していこうか、逆に利点に変えられることはないか、といった発想を持てるのが「22」です。

若いうちは、無理が利いてしまうため、徹夜や暴飲暴食など、ついハードな生活を送りがちですが、年齢を重ねていくにつれ、脳や心臓の疾患を患いやすくなる傾向にあります。定期的に健康診断を受け、かかりつけの医師を探すなど体調管理を忘れないようにしましょう。

Life Path Number
33

無条件の愛	ピュア	豊かな感性
ヒーリング力	許す力	貢献力
革命を起こす力	天然	風変わり

無償の愛を持って人々を助ける
大きな器を持った救世主

　ライフ・パス・ナンバーが「33」の人は、現実的なものより精神的なものに思いを馳せることが多く、目に見えないものを大切にするという性質があります。

　非常にスケールが大きく、スピリチュアルな感性に優れているので、どこか人間離れした雰囲気をまとっている人が多いかもしれません。独特の発想力があり、突拍子もないことを言うこともあって、ときに仲間から浮いて見えたり、変わった人のように扱われることもありますが、そのようなことは意に介さず、我が道を行くでしょう。その道は、無償の愛にあふれ、自分のことより他人を優先する傾向があります。

　もしピンチにあっても、日頃の善行のおかげも相まって、手助けをしてくれる人が現れたり、強運に助けられて、大きなダメージを受けずに済む、ということも多々あるでしょう。

「33」の人の立ち位置

　ピュアで無邪気、害のない人という印象を持たれる「33」の人は、癒しキャラとして周囲に溶け込んでいそうです。

　しかし、「33」自身は、集団でいると自然と人に気を遣うタイプなので、自分の感覚だけで動くことのできる「お一人様」での活動が、案外身軽で楽だと感じているかもしれません。

　「33」は、悪意やずる賢さとは無縁で、周囲からの評判は高いのですが、世間離れした発言や献身的すぎる行動が悪目立ちすると、善意を利用されることも。それでも当の本人は、ダメージを負うことはまれでしょう。たとえ負ったとしても、回復する不思議な力が備わっています。

「33」の長所は「無欲さ」

　無意識に相手を思い、そのために自分ができることは何か、と考えることが日常生活のベースになっています。家族や恋人、同僚など自分の身近な人物はもちろん、会ったことのない遠くの地に住む人であってもその思いは変わらず、奉仕の精神で接するでしょう。

　日々誰かが救われて、そして感謝をしますが、「33」は見返りを求めることなく、むしろその行為により自己実現を図っていきます。

「33」の短所は「突拍子のなさ」

　自分の感性を基準に動き、他人の目を気にしないため、いわゆる世間の常識とされていることに疎いところがあります。

　また、まじめに話を聞いているように見えて、自分の興味外のことであると、心はここにあらず。まったく違うことを考えていて、会話にならない、などということもありそうです。

「世のため人のため」を地でいく「33」は、「奉仕」や「貢献」といった分野で自分を生かすことができるでしょう。一般的な感覚や常識が通用しにくく、浮世離れしたところがあるので、旧来型の組織で働くよりも、個人の裁量で行動できる職場が向いています。また、努力家で集中力があるので、専門職や職人なども適職です。

ただし、安定を求めて大企業で働いたり、営利優先の仕事に就いてしまうと、収入面で安泰だとしても心が満たされず、結局は辞めてしまうということになってしまいがち。

自分に合う仕事が見つからないと転職を繰り返すこともあるので、まずは心の充足感を優先しましょう。「人のため」になる仕事が、「33」が幸せになるポイントです。

恋愛・結婚

「33」の人は、直感が働くのでひと目惚れすることが多いでしょう。相手の容姿や肩書きなどよりもフィーリングを大事にするタイプ。その人の発する言葉やまとっているオーラを感じ取って、自分に合うかどうかを瞬時に察知します。周りには自分の選んだ人を理解されないこともありますが、気にせずに。

交際が始まると、相手には惜しみない愛情を注ぎます。お互いを尊重し合える関係がベストです。尽くしたりしすぎると、相手によっては態度がどんどん変わっていってしまうことも。相手のわがままや欠点を助長してしまうことがないよう気をつけましょう。

結婚相手は、しっかりしている人を選ぶことが大切。「33」に常識を教えてくれたり、精神面はもちろん、経済面でもサポートしてくれる人がおすすめです。

金運

「33」は、自分のためにお金を稼いだり使ったりするという欲求がそれほど高くありません。周囲の人たちが喜んでくれるプレゼントや食事などにはお金をかけますが、自分のためだけにご褒美としてお金を使う機会は少ないでしょう。

損得勘定もしないため、自分にとってメリットがあるかどうか、という視点では動きません。人のため、世の中のため、という観点で行動し、そうした行動にお金がついてくるタイプです。

よくも悪くもお金に無頓着な人が多いので、稼いだ分はそのまま使ってしまって貯金ができない、ということがあるかもしれません。そういう場合は、「33」の性格や行動を理解してくれる人に、金銭面でマネージメントをしてもらうとよいかもしれません。

健康運

他人を優先する思考回路ができているため、どうしても自分のことに関しては無頓着になりがちです。

パートナーや家族の健康管理には一生懸命になれるのに、自身の体調管理は後回しになっている、なんてことが多いでしょう。

人のために献身的に動いているうちに、心に疲れをため込んで、気づいたらストレスでいっぱいになっていた、ということも大いにありそうです。胃痛や腹痛、不眠などがあって初めて体調不良に気づく、なんてことも。

ときには、アロマやエステ、温泉に行って体を休めましょう。ヨガや瞑想などをして、心身ともにリラックスすると回復が早いはず。

適度なアルコールは気分転換にもよいのですが、お酒に飲まれることがないように気をつけましょう。

Column

数秘術はコミュニケーションツールとして活用できる

数字には「ポジティブな面」「ネガティブな面」、どちらも存在しますが、コミュニケーションツールとして使うときは、相手の持っている数字の長所を、ピックアップして伝えてみましょう。

例えば、ライフ・パス・ナンバーが「1」の人には「頼りがいがありますね」とか、「2」の人には「聞き上手ですよね」といった具合です。

本質的なところを褒めてもらえると、相手もおだてられているとは思わずに、この人は自分のことを理解してくれているんだな、と心から喜んでくれるはず。相手の心を開くきっかけにもなり、また信頼も得やすくなるでしょう。

反対に、ネガティブな面を伝えてしまうと、相手はそれが思い当たる分、痛いところを突かれたと思い、反発されてしまうことも。ネガティブワードは、その人と付き合うときの参考として、自分の心の中だけに留めておきましょう。

第3章

コア・ナンバーズを
読み解く

６つのコア・ナンバーズのうち、
ライフ・パス・ナンバー以外の５つについて紹介します。
数秘術において、「自分自身を多角的に知る」ための数字ですから、
一つずつマスターしていきましょう。

コア・ナンバー②
ディスティニー・ナンバー

社会的な役割、使命
運命の課題を表す数字

　ディスティニー・ナンバーは、人生の目標や、この世で果たすべき使命、社会的な役割を教えてくれます。ライフ・パス・ナンバーは生まれ持った資質や能力、持ち味などを表すのに対し、ディスティニー・ナンバーは役割や使命を表すので、社会に対してどんな貢献をしていくべきか、ということを教えてくれる数字です。ディスティニー・ナンバーを紐解いていくと、適職がわかるということにもつながります。

　育ってきた環境や経験による後天的な能力とも関係がある数字ですから、ライフ・パス・ナンバーの資質と合わせてみていくと、さらに、深い読み解きをすることができるでしょう。

　例えば、ライフ・パス・ナンバーが「3」、ディスティニー・ナンバーが「4」の人の場合、楽観的で冒険心が強い性質（ライフ・パス・ナンバー）にもかかわらず、まじめに地道に積み上げていく使命（ディスティニー・ナンバー）を担っている、ということも起こりえます。このように、自分の性質と矛盾が生じる場合もありますが、両方の数字のエネルギーを理解することで、「では、どうすれば充実した人生を送っていけるのか」、ということを客観的に知るきっかけとなるでしょう。現状の不満やストレスに気づけると、解決策を見出しやすくなり、「人生がどんどん明るいほうへ動き出す」、といえるかもしれません。

ディスティニー・ナンバーの求め方

「氏名」をもとに算出します。アルファベットと数字を対応させた変換表（24ページ参照）を使い、氏名を数に変換します。

　基本的には誕生時の氏名で算出しますが、結婚して苗字が変わり、それを長く使っている場合や、結婚後の苗字のほうがしっくりくるという場合は、新しい苗字で鑑定しましょう。

例）内藤数子（ないとうかずこ）さんの場合

①ヘボン式ローマ字で綴ります。

N A I T O　K A Z U K O

②24ページの変換表を見ながら、ローマ字が対応する数字に変換します。

N A I T O→５１９２６　K A Z U K O→２１８３２６

③各々の数を加算し、１桁の数か、１１、２２、３３になるまで分解して加算します。

５＋１＋９＋２＋６＋２＋１＋８＋３＋２＋６＝４５

４＋５＝９

→ディスティニー・ナンバー９

＜旧姓・現在姓、どちらで鑑定すべき？＞

　ディスティニー・ナンバーは、その人自身がしっくりくる氏名で算出するのがよいといわれています。

　旧姓やほかの名前で社会的な仕事をしている場合は、そちらを「外の顔」として、家庭で過ごす時間が長い場合は結婚後の姓を「内の顔」としてそれぞれを算出してみると、特性が現れているかもしれません。

　両方の数字を見て、ピンとくる、または納得できるほうを採用しましょう。

Destiny Number
1

新しい局面を切り開き
強い信念を持って統率する

　ディスティニー・ナンバー「1」の使命は、「始めること」。

　普段の生活で「ここを改善したらもっとよくなる」と思う場面に出く
わすことが、きっと多いはず。その思いを実践することこそ、「1」の
輝く生き方だといえます。夢や希望を語ることは誰にでもできますが、
それを現実にする行動力が「1」にはあり、またそれをやり遂げること
が使命といえるでしょう。何もないところから生み出したり、始めたり
するのは、簡単な道ではありません。失敗や挫折はつきものだと腹をく
くる必要があるでしょう。恐れることなく壁にぶつかり、苦戦を強いら
れたとしても、持ち前の開拓精神とリーダーシップを発揮していくこと
で、「1」はそれを乗り越えていけるはずです。

「1」の適職、天職

　自分が先頭に立ち、周囲を牽引していくような環境で力を発揮するこ
とができます。ですから、年功序列制の会社などでは、息が詰まりがち
に。規模が小さくても自分の考えを実現できるような会社や、または自
らが起業して、思うままに行動したほうが性に合っているでしょう。

　ただし、意見の合わない人との仕事や、壁にぶつかったときなどは、

気が焦ったり、イライラがピークに達して攻撃的になったりしてしまうことも。忍耐強さは身につけるべき課題かもしれません。とはいえ、勇気持って一歩踏み出すことは「1」の役割であり、大きな使命といえるでしょう。

> ＜職種例＞自営業、フリーランス、アイデアを出す仕事、営業職全般、起業家、イベント業、発明家

気をつけるべきこと

　道を切り開き、突き進む力に優れている「1」ですが、一人で爆走状態になると、周囲は誰もついていけなくなってしまいます。勢いに乗っているときこそ、周りをよく見て謙虚さを忘れないようにしましょう。

ライフ・パス・ナンバーの能力をどう生かすか

1×1 − 自分の思うまま、どんどん新しいことを始めていきましょう。

1×2 − 繊細な感性を生かしながら、新しい分野への進出を。

1×3 − 楽しいと感じたことを軸にして行動してみましょう。

1×4 − 始める前にゴール地点を決め、順序立ててことを運んで。

1×5 − 変化を楽しみながら、新しい世界の開拓へ。

1×6 − お世話や教育に関わる分野で、新しいアイデアを。

1×7 − 鋭い観察力で問題点を探し出し、新しい改善案を。

1×8 − 強い責任感とパワフルさで、社会をよりよい方向へ開拓して。

1×9 − 慈愛の精神で、平和のためにこれからできる一歩を踏み出して。

1×11 − 直感力を信じて突き進むと、新たな一歩が踏み出しやすいはず。

1×22 − 理想を現実にする力強さで自分にしか踏み出せない一歩を。

1×33 − 愛にあふれた癒しのパワーで、前に出て行くことを意識して。

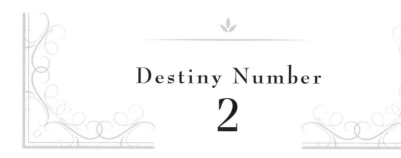

Destiny Number
2

人間関係の潤滑油となって
周囲に平和をもたらす

　ディスティニー・ナンバー「2」の使命は、「周囲に和をもたらすこと」。相手の心の動きを察し、汲み取る力がある「2」は、例えば周囲でもめ事や対立が起こった場合でもうまく仲裁に入り、場を丸く収めることができるタイプです。

　また、トラブル以外のシーンでも、常に人の気持ちを考えて、「こんなことをしてほしいだろうな」「これをしてあげたら、さらによくなるだろうな」というように、人々をよりよい場所に引き上げる役割を持っています。それは一見、引き立て役、補佐役のように感じるかもしれません。しかし、周囲の環境がよくなる上、周りはその立役者として、「2」をなくてはならない存在に感じるようになっていくのです。

「2」の適職、天職

　表舞台に立ち、リーダー的な役を担うよりも、裏方で調整したり、みんなの気持ちに寄り添ったりすることで才能を発揮します。ですから、社長より秘書や参謀役、プレーヤーよりもマネージャー業などが向いているでしょう。

　また、人の気持ちを察する感性や、人を癒す力を持っているので、セ

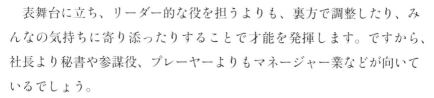

ラピストとして活躍することも期待できます。看護師や介護士などのお世話をする仕事はもちろん、美的センスを生かせるインテリアコーディネーターやデザイナーなどもよいでしょう。周りの人を笑顔にすることで、自らが輝くことのできる仕事が適職といえます。

<職種例>秘書、コーディネーター、ガイド、カウンセラー、セラピスト、デザイナー、看護師、保育士、介護士、トリマー、美容師

気をつけるべきこと

　自分よりも先に相手の気持ちを考える「2」は、単なるお人好しになってしまうことも。自分の意見を封印して人の意見を優先することが最善とは限りません。必要な状況ならば、他人との衝突も覚悟すべきです。

ライフ・パス・ナンバーの能力をどう生かすか

2×1 −相手の心に寄り添う、積極的な一歩を自分から踏み出して。

2×2 −ベースは対人関係に。繊細な感性を余すことなく生かして。

2×3 −周囲を笑顔にさせるため、人々の心に寄り添う選択を。

2×4 −秩序を大切にしつつ、周囲の心の動きも考慮に入れて。

2×5 −周囲を気遣ってこそ、自由に生きられるということを忘れずに。

2×6 −人を助けることで、自らも救われる、そんな選択がカギに。

2×7 −観察眼や研究心を生かして、困っている人たちを救う道に。

2×8 −力強く進みながらも、思いやりを持つことがカギになります。

2×9 −慈愛精神を持って、みんなが穏やかに暮らせる社会作りを。

2×11 −自らの感じ取る力を信じ、人々の心に寄り添う人生を。

2×22 −すべての人に愛を注ぐことで、カリスマ的存在に。

2×33 −人を癒す圧倒的な存在で、ヒーラーのスペシャリストに。

Destiny Number
3

自らの人生を楽しみつつ
人々に生きる喜びを伝える

　ディスティニー・ナンバー「3」の使命は、「生きる喜びを伝えること」。
　もし大変で辛いことに直面していたとしても、「人生には楽しいこともたくさんある」「それでも生きることは素晴らしいんだ！」というメッセージを、「3」は自分の生き方を通じて、多くの人に伝える役割を持っています。
　大儀な使命だと感じるかもしれませんが、自分自身の人生を楽しむことができていれば、それ自体で十分な影響力を持っているといえるでしょう。たとえ今の状況がそうではなかったとしても、「たくさんの人を元気にすることこそ使命だ」という気持ちを忘れずに。周囲は「3」の楽しむ姿を見て、夢や希望を見出すことになるのです。

「3」の適職、天職

　何事も前向きに捉え、これから起こるであろうことをワクワクして受け入れることのできる「3」が、楽しいと感じながら携わっている仕事であれば、人々に与えるプラスのエネルギーは十分にあるといえます。ですから、自分が楽しいと感じるかどうかを軸にして仕事を選ぶとよいでしょう。

とはいえ、たくさんの人に関わる仕事や、言葉を介した職業を選ぶと、より広く、多くの人にメッセージを発信することができるはず。持ち味であるユーモアセンスを忘れずに、エンターテインメント性に通じるような職種で才能を発揮することができそうです。

<職種例>アナウンサー、リポーター、マスコミ関係、エンターテイナー、コピーライター、作家、流行を仕掛ける企画制作、通訳

気をつけるべきこと

人生を捧げる天職につけた！と思ったとしても、仕事である以上楽しいことばかりではありません。大変なときを乗り越えてこその喜びもあるはず。持続力や持久力を身につけることも必要になるでしょう。

ライフ・パス・ナンバーの能力をどう生かすか

3×1－ピンときたものを率先して発信し、トレンドメーカーに。

3×2－楽しいことや嬉しいことを分かち合いながら、人生を謳歌して。

3×3－自身の創造性を信じて、自由に羽ばたきましょう。

3×4－人々の生活が楽しくなるような仕組みを計画的に考えて。

3×5－自由な環境から得た楽しい体験を、随時発信していきましょう。

3×6－楽しい体験をみんなで共有できるようなサービスの構築を。

3×7－まだ世間に知られていない娯楽などを探し出し、提供して。

3×8－自信に満ちあふれた行動で、周囲を楽しく活気づけましょう。

3×9－自分だけではなく、全体が楽しめるようなことを追求して。

3×11－ひらめきを信じ、楽しいと感じたら周囲にどんどん発信を。

3×22－人を笑顔に、理想を現実にするため、エネルギッシュに動いて。

3×33－独特の感性が自分と周囲の人生を高め、楽しませるでしょう。

Destiny Number

4

堅実に社会の枠組みを守り
安定感を提供する

　ディスティニー・ナンバー「4」の使命は、「社会のルールを守り、安定をもたらすこと」。

　人々が暮らすコミュニティには必ず秩序が必要です。なぜなら秩序がなければ、それぞれが好き勝手な行動をし始めて、不協和音が生じ、安心して暮らせなくなるから。「4」は、社会のルールを自ら守り、まじめに生きていく模範生となるでしょう。

　行動を起こすときは、下調べをして最善と思われる道筋を立ててからアクションを起こすタイプ。まるで石橋を叩いて渡るように行動するため、失敗も少ないでしょう。そして、徐々に「あの人に任せておけば大丈夫」「信頼の置ける人」という評価を得ることになるのです。

「4」の適職、天職

　まじめにコツコツと実績を積み上げていくことのできる「4」は、一気にトップに駆け上がるような派手さとは縁遠いかもしれません。その代わり、現実に見合った枠組みや土台を作ったり、うまくプランニングをする仕事は得意なはず。着実に一歩一歩、実績を積み上げて、会社になくてはならない存在へとなっていきそうです。

物を組み立てたりする仕事も性に合っているので、建設業や自動車メーカー、エンジニアなどが向いています。また、堅実さを生かすなら、公務員や警察官、裁判官や検察官、金融機関など組織がしっかりしているところもおすすめだといえるでしょう。

> ＜職種例＞経理、会計士、税理士、庶務、設計者、建築関係、公務員、エンジニア、職人、不動産業

気をつけるべきこと

まじめなリアリストですが、頭の固さが災いして、「これがいい」と思ったものに傾倒しやすい面があります。よくいえば「簡単にポリシーを覆さない」となりますが、融通の利かない頑固者になることも。

ライフ・パス・ナンバーの能力をどう生かすか

4×1 − 新規の案件を具体的にプランニングして形にしましょう。

4×2 − チームワークを築き、維持するような役割になりそうです。

4×3 − 楽しいだけじゃない、堅実な生き方を模索していきましょう。

4×4 − 社会の土台を築くポジションに就くと生き生きします。

4×5 − 古いルールや悪習改革のための基礎作りに関わって。

4×6 − 慈愛精神を持ちながら、サポート業に勤しみましょう。

4×7 − 緻密で堅実な仕事が、大成するポイントに。

4×8 − パワフルながらも、堅実に脇を固める安定志向がカギに。

4×9 − 理想を、しっかりと現実に落とし込むことができるでしょう。

4×11 − 直感的にひらめいたものをベースに基礎作りをしてみて。

4×22 − 超リアリストとして、カリスマ的存在になるかもしれません。

4×33 − ピュアさを生かしつつ、ストイックに仕事をこなして活躍を。

自由を追い求める姿勢で
変化のきっかけを与える

　ディスティニー・ナンバー「5」の使命は、「自ら自由を謳歌し、人々に勇気を与えること」。

　自身の可能性を信じて、チャレンジをし続けながら自由に生きる「5」の姿は、関わる人々を魅了します。そして、「私も頑張ってみよう」という生きる勇気を与えることでしょう。

　また、マンネリ化した現状や安定している状況に一石を投じるのも「5」の役割といえます。安定しているのは悪いことではありませんが、さらなる進歩を求めるときは、やはり変化が必要不可欠。そんなときに、「5」の存在がカンフル剤となり、周囲を活気づけ、一翼を担うことになりそうです。

「5」の適職、天職

　自由な精神に基づいて行動するため、一つのことに縛られるのはもってのほか。おそらく、一生同じ会社で同じ仕事を繰り返すようなスタイルは難しいはず。自身の可能性を試せる会社への転職を繰り返したり、興味が高じて起業したり、一つの場所に留まることなく、場所を変えながら仕事をする人もいるでしょう。同じ会社にいたとしても、職種を替

えたり、関わる人が替わったりする流動的な場所を好みます。

　職種的には、旅行業界、マスコミ、広告関連、得意先があちこちにあるような営業職など動きのあるものが向いているでしょう。

　そのフレキシブルな姿勢が、周囲の人々には魅力的に映るようです。

> ＜職種例＞接客業、営業職、旅行業界、広告・マスコミ関係、冒険家、俳優、タレント、エンターテイナー、演出家、クリエイター

気をつけるべきこと

　変化を起こすときの瞬発力は目を見張るものがありますが、ルーティン化し、面白みに欠けてくると、途端に飽きたり面倒になったりする傾向が。持続力のある補佐役を周りに置くなど工夫するとよいでしょう。

ライフ・パス・ナンバーの能力をどう生かすか

5×1－新しい視点を持って、改革を進めていきましょう。

5×2－協調性を大切にしながらも、チャレンジ精神はなくさずに。

5×3－楽しむことを大事にしながら、自由に羽ばたいてみましょう。

5×4－緻密さと大胆さを、うまく融合させていきましょう。

5×5－心の赴くまま自由に生きることで大成するでしょう。

5×6－教育と愛を武器に、大胆に改革をしてみましょう。

5×7－自由に生きる一匹オオカミ的な役割で、貴重な存在に。

5×8－ただ自由を求めるだけではなく、貪欲に成功を求めて。

5×9－人や社会のために、変化の風を巻き起こしましょう。

5×11－インスピレーションに従って、自由に生きましょう。

5×22－変化の先に、理想を現実にするタイミングがみえるはず。

5×33－無邪気さと自由気ままが相まって、唯一無二の存在に。

Destiny Number
6

人のために行動することで
自身の魂が輝き出す

　ディスティニー・ナンバー「6」の使命は、「正義と愛を胸に刻み、人々に奉仕すること」。

　人が嫌がるような仕事を買って出たり、お世話をしたり、困っている人を助けたり、「6」には自ら進んで社会や周囲の人に手を差し伸べる役割があるといえるでしょう。

　それは、あくまでも相手を思う気持ちから発せられたサービスであり、「この人のために、こうしてあげたい」という強い正義感から生まれます。使命を全うできた暁には、奉仕をすることで自身の心も充足し、生きている喜びに包まれるはず。持ち前の責任感は多くの人を助け、その結果、自然と周囲から感謝されることになるでしょう。

「6」の適職、天職

　その場の要望を汲み取り、サービスを提供する役割を果たすことができれば、活躍の場は広がるでしょう。サービス精神はどんな業界であっても必要とされるため、必要不可欠な存在になっていくはずです。

　特に、癒しやサービスを必要とする医療関係やセラピストなどの業界が、本領を発揮するフィールドといえるでしょう。人を育てることも得

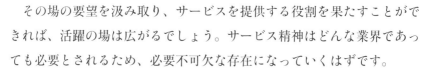

意なので、教師やカウンセラーも向いています。

　また、仕事とは別に、ボランティア活動や福祉活動をするのも自身の成長の糧となりそうです。

> <職種例>教師、人や生き物を育成する仕事、カウンセラー、セラピスト、看護師、マッサージ師、介護士、ブリーダー、トリマー

気をつけるべきこと

　面倒見のよい「6」を頼って助けを求めてきた人には、忙しくても手を差し伸べてしまう傾向があります。都合よく扱われたり、精神を消耗してしまうことがないよう気をつけましょう。断る勇気もときには必要です。

ライフ・パス・ナンバーの能力をどう生かすか

6×1 − 教育や福祉、看護の業界に新しい風を積極的に吹かせて。

6×2 − 人と人との結びつきを大切にする奉仕活動が向いています。

6×3 − クリエイティブ能力を発揮し、人々の役に立つ商品開発を。

6×4 − 人々の役に立つ仕事を、現実的かつ計画的に進めてみて。

6×5 − 自由な発想で、人々に勇気や希望を与えることを創造して。

6×6 − 本当に必要とされるサービスを的確に提供していく役割が。

6×7 − 専門的なサービスで、人々の助けとなる仕事を深めて。

6×8 − 強い責任感を伴った行動で人々を助けることが叶います。

6×9 − 弱い立場の人たちを助けるように尽力していくでしょう。

6×11 − 「このほうがよい！」という直感が、困った人々を救います。

6×22 − 困難を物ともせず、ボランティア活動に邁進するでしょう。

6×33 − 愛のパワー全開で、困っている人たちを癒していくでしょう。

Destiny Number
7

深く考え、調べ、たどり着いた答えが
周囲の人たちに影響を与える

　ディスティニー・ナンバー「7」の使命は、「真理を追求すること」。

　わからないと感じたり、疑問に思うことを見つけ出し、とことん考えたり調べたりして、答えにたどり着こうとするでしょう。「なぜそうなるのか」という理屈や理由を腑に落ちるまで調べ尽くし、その過程が楽しいと感じられるのも「7」の特徴といえます。

　探求したいと惹かれる問題も多様です。「人」「生物」「機械」「コンピュータ」「地理」「歴史」「化学」「天体」「物理」など、さまざまな分野で、自分の探究心を生かそうとするはず。そして、見出した真理や獲得した知識は専門性を帯び、周囲にいる人たちに発信され、影響を与えて後世に伝えられていくでしょう。

「7」の適職、天職

　どんなジャンルの職業に就いても、深く物事を考え、研究熱心なため「7」ならではの専門的な情報や知識を提供できます。ただ、一つのことを突き詰めていくには、周囲に雑音があるような環境は適しません。一人でじっくり考えたいのに、意見をされたり、一日にあれもこれもこなさなければならないような慌ただしい職場では、持ち前の集中力がな

かなか続きにくいでしょう。

　考えること自体が仕事として成り立つような職業が向いているといえそうです。例えば、研究職や専門職などの真理を突き詰めていく仕事や、チームではなく一人で取り組める体制の職場が理想でしょう。

> ＜職種例＞研究職、学者、教授、医師、リサーチ業、探偵業、占い業、ジャーナリスト、作家、農業、エンジニア

気をつけるべきこと

　どんなことにも腰を据えて、じっくりと取り組むことへの対応は得意ですが、コロコロと変わる事柄や、予定外の出来事への対応には困惑しがち。突発的な事態にも応じられる柔軟性が課題といえそうです。

ライフ・パス・ナンバーの能力をどう生かすか

7×1－徹底的な調査を、積極的に自ら進めることが成功のカギ。

7×2－専門的に役立つ情報で、幸せへの指針を示す役割に。

7×3－好奇心の赴くままに、その関心事を探求して道を築くでしょう。

7×4－現実的な面を生かしながら、慎重に進めていくことが秘訣。

7×5－自由奔放に、自分にしかできないことを突き詰めましょう。

7×6－お世話をしながらも相手をよく分析して効率化を図るでしょう。

7×7－真実を追い求める研究に、思う存分没頭できる人生に。

7×8－リサーチ力や分析力で、ステイタスを築いていくでしょう。

7×9－人に癒しを与えながらも、クールな視点は生かしましょう。

7×11－直感力を信じながらも、裏付けをとる慎重さが功を奏します。

7×22－探求に勤しむには、確かなビジョンを持つことが重要です。

7×33－独自の研究で、人々を癒す方法を突き詰めていくでしょう。

Destiny Number
8

必ず結果を出すべく邁進し
人や環境を豊かにしていく

　ディスティニー・ナンバー「8」の使命は、「高いハードルをクリアして、パワーアップしていくこと」。

　周囲で起こる問題に真正面から取り組み、くじけることなく立ち向かう「8」には、タフな精神力があります。どんなミッションもクリアし、結果として多くの人に利益をもたらすことが役割となるでしょう。

　「ハードルの高いこと」というと、重荷に感じる人もいるかもしれませんが、ミッションに取り組む中で、「8」はそのプレッシャーですら自分の力量に変えるたくましさを持っています。問題を乗り越えることで、自分自身も成長し、周りから評価されるようになるでしょう。結果、地位や名誉、豊かさを手に入れることになります。

「8」の適職、天職

　イニシアティブをとってパワフルに動くことのできる「8」にとって、少々困難な内容でも、成果の見返りを十分に期待できる仕事のほうが、俄然やる気がわくでしょう。

　もちろん、最初は下積みから始まりますが、一つ一つこなしていくことで、着実にステージアップができます。

そのため、ゆくゆくは権力が手に入る仕事や、大きなお金を動かす仕事、人を仕切ることのできる職種に縁がありそうです。自信がつき、「名誉や富を手に入れたなら、それを社会に還元していこう」という考えをいつも忘れずにいれば、本物の成功者となるでしょう。

> ＜職種例＞プロデューサー、起業家、経営者、金融業、不動産業、支配人、マネージャー、教授、弁護士・公認会計士など士業全般

気をつけるべきこと

経験を積んで自信を蓄え、パワフルになるのはよいことですが、高圧的になったり、非を認めない我の強さが鼻についてしまうケースも。高みにたどり着くほど、謙虚さを忘れないようにしましょう。

ライフ・パス・ナンバーの能力をどう生かすか

8 × 1 － あふれるやる気と行動力で、新しい経済の流れを生み出して。

8 × 2 － 人の心に寄り添いながら、成功に向けて着々と歩を進めて。

8 × 3 － クリエイティブな分野で、成功者になる素質があります。

8 × 4 － 綿密な計画を立てながら、野望を満たしていくでしょう。

8 × 5 － 才能のリミットを決めずに、パワフルに活動しましょう。

8 × 6 － 人を育てる分野で、才能を発揮しそうです。

8 × 7 － 孤独を恐れることなく、一つのことに邁進すると成功が。

8 × 8 － どんな難しいミッションでも、やり遂げるパワーとタフさが。

8 × 9 － 共感力や理解力を生かして、頂点を目指しましょう。

8 ×11 － 直感や想像を、現実に落とし込んで世に広めていきましょう。

8 ×22 － 他者を寄せつけない圧倒的な力で、トップを目指せるはず。

8 ×33 － 社会貢献をすることで、地位や名誉もついてきます。

Destiny Number
9

高い共感力を持ち
弱者を理解して寄り添う

　ディスティニー・ナンバー「9」の使命は、「人々の幸せを願い、社会に貢献すること」。

　世の中の人々の幸せが、より大きく深いものになるよう願う「9」は、たとえ理不尽な目に遭ったとしても、できる限りの活動をするでしょう。

　その行動は自分の家族や恋人、友人など身近な人のためだけではなく、自分とは直接関わりのない人たちまでの幸せを願うような寛大さがあります。お金や名誉だけのために動くようなことはなく、ひたすら思いやりを持って邁進するでしょう。

　自分の行動が人の笑顔につながっている、という事実こそが、「9」の生きる源となります。

「9」の適職、天職

　人々の生活が向上し、平和に暮らせることができるような仕事に関わることが、「9」にとっての適職です。

　ですから、奉仕的要素の強いボランティアやNPO団体などの活動が向いているといえるでしょう。

　困っている人たちや弱者、声をあげられない動物や自然などを救うよ

うな仕事が使命となるため、カウンセリング業や、介護福祉系の仕事、保護活動なども向いています。

　また、人々の心の琴線に容易に触れることができるため、芸術分野でも活躍することができそうです。

> ＜職種例＞カウンセラー、セラピスト、介護関連業、思想家、自然愛護活動家、演劇関係、アーティスト、演奏者

気をつけるべきこと

　共感力が高いために、人々の辛さや悲しみをダイレクトに受けて、自身が疲弊してしまうこともありそうです。自分の繊細さも自覚し、辛いと感じたら、背負っている荷物を一度下ろしてみましょう。

ライフ・パス・ナンバーの能力をどう生かすか

9×1 － 世界平和を志し、積極的に新しい案を開拓して。

9×2 － 持ち前の共感力で、多くの人の心を救うでしょう。

9×3 － ユーモアあふれる発想力で、多くの人に癒しを届けて。

9×4 － 平和につながるルールやシステムの構築が幸福のカギに。

9×5 － 度胸のよさと大胆さで、悪しき慣習を壊していきましょう。

9×6 － 大きな愛を奉仕するサービス業を選べば、心が満たされます。

9×7 － 日々の小さな歪みを見つけ、正すことで救いの手を差し伸べて。

9×8 － 高みを目指すことが、結果、多くの人たちを幸せにします。

9×9 － 寛大な慈愛精神で、環境改善、世界平和に尽くすでしょう。

9×11 － ひらめきを生かすことが、多くの人の幸せにつながります。

9×22 － 世界平和の理想を、現実にする力強さを持ち合わせます。

9×33 － ヒーリング力にあふれ、人々の救世主的な存在に。

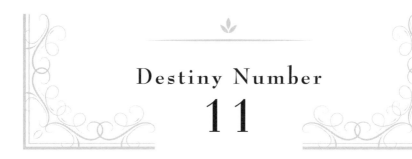

Destiny Number
11

スピリチュアルな力で
他者の意識を変容させる

　ディスティニー・ナンバー「11」の使命は、「インスピレーションを生かし、人々に希望や夢を届けること」。

　「11」はマスターナンバーで、ほかのルートナンバーに比べ、より多くの社会的役割を課せられている数字です。その分、役割を果たすための縁やチャンスにも恵まれており、それをしっかりと生かして世の中に還元することが求められています。

　「11」は直感力が高く、スピリチュアルなエネルギーを持つため、その影響力は、より大きなものとなるはずです。「11」の言葉や生き様から「そういう考え方があるんだ」と気づかされることも多く、周囲では、これまでと違った方向に人生の舵を切る人が増えるでしょう。

「11」の適職、天職

　人々に気づきを与えるべく活動していく「11」は、注目を集める仕事や多くの人に影響を与えることができる、発信力のある職種に縁があるでしょう。

　テレビやラジオ、舞台、講演会に出演することもありそうです。また、小説やアートなど、多くの人の目に触れる作品を創る可能性もあるでし

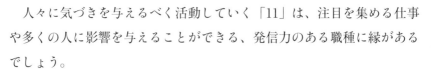

ょう。映画やドラマなどの脚本家、演出家など、多くの人にメッセージを届ける役割もあるかもしれません。

また、美意識も高いため、フラワーアーティストやデザイナー、ヘアメイク関連などでも人々の心に感銘を与えることができそうです。

<職種例>俳優、文化人、演出家、脚本家、作家、詩人、アーティスト、スピリチュアルカウンセラー、占い業

気をつけるべきこと

スピリチュアルな感性が強く出ると、感受性が高まり神経質になってしまうことがあります。そうなると極端な意見に傾き、周囲を困惑させてしまうことも。空想的になりすぎないよう気をつけましょう。

ライフ・パス・ナンバーの能力をどう生かすか

11×1 − 直感でピンときたことを、すぐ実行すると先駆者に。

11×2 − 希望の光を届けながらも、人の心に寄り添えるでしょう。

11×3 − 楽しくコミュニケーションをとり、相手に気づきを与えます。

11×4 − 直感だけではなく、丁寧で現実的な対応が信頼されます。

11×5 − 直感力と自由な発想が、人々を魅了するでしょう。

11×6 − 愛情深い対応や正義感から、人々の意識を変容させます。

11×7 − 研ぎ澄まされた直感力と、細かい分析力が武器になります。

11×8 − 目に見えるものと、見えないものの両方の価値がわかる人。

11×9 − ドラマティックな言葉やシーンが、多くの人の心を動かします。

11×11 − ひらめきが冴え、神秘的で特別な存在になり得ます。

11×22 − 冴えた直感力とカリスマ的パワーで、人々の心をつかみます。

11×33 − 無条件の愛と希望を与える姿に、人々は感銘を受けるでしょう。

Destiny Number
22

正義を積み重ねて
理想を現実のものにする

　ディスティニー・ナンバー「22」の使命は、「理想を具現化すること」。「22」はマスターナンバーで、世界平和を考えるような壮大な社会的役割を課せられています。大役を担っている分、人生のある時期には不遇な立場に置かれたり、誰かの犠牲となったりするなど、多くの困難にぶつかることが多いかもしれません。

　しかし、それは社会の問題点や歪みと向き合うため。どうやって改善し、対処すればよいかを考えるきっかけとなるでしょう。「22」は単なる理想論で終わらせることなく、実際にどう変えていくかを問われているのです。大きな問題にぶつかり、もがいた結果、道を見出すことができれば、人々に大きな夢や希望を与え、存在は輝きを増すでしょう。

「22」の適職、天職

　「これでいいのか?」といった不信や疑問に目を背けず、真摯に向き合うことが長い道のりの第一歩となり、ついには開花を遂げるはず。

　どんなに難しい状況でも、理想を現実に近づけようと努力を重ねることができるため、最初は相手にされなくても、最終的には「22」の功績を誰もが認めざるを得なくなるでしょう。

仕事としては、規模が大きければ大きいほど、当然成し遂げる成果も大きくなります。街の開発プロジェクトや政治活動、シンボルとなるような建築、商社などでのグローバル活動は特におすすめです。現実世界にスピリチュアルな観点を持ち込むことも「22」ならできます。

<職種例>商社、政治家、建築家、経営者、不動産業、易者、平和活動家、地球規模のプロジェクト、グローバル活動全般

気をつけるべきこと

　自分の意見が理解されづらいと、無理にでも通そうとする意固地さと執着心が強くなりがちです。プライドも人一倍高いため、頑固さが際立つと、せっかくのよさが影を潜めるので注意しましょう。

ライフ・パス・ナンバーの能力をどう生かすか

22×1－社会の膿を出すべく、問題と果敢に向き合うことで成功が。
22×2－人々に歩み寄りながら、高い理想に向かって邁進を。
22×3－軽いフットワークながらも、どんどん理想を達成します。
22×4－失敗しない確実な道を模索し、理想を実現していきます。
22×5－自由な発想で、決めたことをしっかり達成していきましょう。
22×6－正義感に拍車がかかり、社会悪に立ち向かいます。
22×7－地道に分析を重ねながら、理想的な社会を作り上げます。
22×8－高い理想と大きなビジョンを持ち、野心的に進むでしょう。
22×9－いざとなったら大きな愛の力で物事を動かしていきます。
22×11－冴え渡る直感力で、しっかりと理想を現実のものにします。
22×22－壮大な夢を掲げつつも、必ずや実行する力強さがあります。
22×33－目に見えない真理や理想を、現実に落とし込んでいくでしょう。

Destiny Number
33

見返りを求めずに
奉仕や貢献をしていく

　ディスティニー・ナンバー「33」の使命は、「人々の心を癒し、元気づけること」。

　「33」はマスターナンバーで、1〜9までの数字よりも、より多くの社会的役割を課せられているともいえます。落ち込んでいる人たちを励ましたり、力強く応援したりする、というわけではないのですが、「33」の存在そのもので、周囲の温度を徐々に上げて、安心感や癒しをじんわりと届ける力がある、といった感じです。

　どのような仕事に就いたとしても、最終的に周囲の人を幸せな気持ちにさせることができ、「33」の存在価値がどんどん認められることになるでしょう。

「33」の適職、天職

　大企業で社員数が多く、異動が激しいなどの人間関係が希薄な会社よりも、人と人との距離が近く、自分の裁量で物事を進められる職場のほうが、より能力を発揮することができそうです。集団で行動するよりも、個人同士の関係を大切にできる場所を探すとよいでしょう。

　職種は「奉仕」や「貢献」など、損得勘定抜きで成り立つような分野

が向いています。人々の悩みを扱うカウンセリング業、環境保護などはやりがいにつながるはず。スピリチュアル性も高いので、セラピストもおすすめです。また、「33」は、自分にはこれだと思ったものを伸ばしていくと、専門性の高いスペシャリストにもなれます。

> ＜職種例＞カウンセラー、セラピスト、介護福祉士、宗教活動家、ボランティア、環境保護活動、文化人

気をつけるべきこと

　「33」の無邪気さや純粋さは人々を癒す力となりますが、所属する場によっては、「変わり者」「天然な人」といった扱いを受ける可能性も。自分の居場所に違和感を持ったら、思い切って職場を替えましょう。

ライフ・パス・ナンバーの能力をどう生かすか

33×1 − 純粋なまま、無邪気なままに、リーダーシップを発揮して。

33×2 − 人に寄り添う気持ちを軸に、奉仕活動を。

33×3 − 楽しいコミュニケーションが、人々の癒しにつながります。

33×4 − 真摯な対応で、じっくりと人々の心を癒していきます。

33×5 − 好きなことを自由に選択すれば、そのスペシャリストに。

33×6 − 自分にしか出せない技を、多くの人に伝授することで幸運に。

33×7 − 専門性の高い分野でトップを目指せる可能性があります。

33×8 − 困難を乗り越えて得た強さを、人に分け与えることを意識して。

33×9 − 愛にあふれる行動と活動が、多くの人の魂を救います。

33×11 − 鋭いインスピレーションが、人々の魂を救い、愛で包みます。

33×22 − 試練や困難を乗り越え、カリスマ的なヒーラーになる可能性も。

33×33 − 豊かな感性とヒーリング力で革命を起こす、唯一無二の存在に。

コア・ナンバー③
ソウル・ナンバー

心が何を求めるか
魂の欲望を表す数字

　ソウル・ナンバーは、心が本当に求めていることを表す数字です。これは、普段意識的に考える「こうしたい」「あれが欲しい」という欲求ではなく、心の奥深くで魂が本能的に求めているものを指します。

　決断を迫られたときに、理由なく惹かれるほう、というのがこのソウル・ナンバーの意味する本能的欲求です。快・不快だと感じることも当てはまるでしょう。重要な選択やターニングポイントで迷ったときは、このソウル・ナンバーが表す意味を参考にすると、自分がより納得しやすい結果につながるといえます。

　例えば、結婚相手として申し分ない恋人がいるのに、どうしても結婚する気になれない、といった場合、ソウル・ナンバーを調べると、その答えが見えてくるかもしれません。なぜなら、自分が本当に求めていること、大切にしていることを発見できる可能性があるからです。

　また、「なんとなくつまらない」「何かが足りない」という漠然とした不満を持っている人にとっても、ソウル・ナンバーを知ることは有効でしょう。心の声に耳を傾け、実際に汲み取っていくことが有意義な人生につながるからです。ソウル・ナンバーは、自分が「自分らしく」いるためにも、ぜひ参考にして欲しいナンバーになります。なぜなら、自分の心が渇望するものを知ることは、幸せへの近道になるからです。

ソウル・ナンバーの求め方

「氏名」をもとに算出します。アルファベットと数字を対応させた変換表（24ページ参照）を使い、氏名を数に変換していきます。ただし、ソウル・ナンバーで必要なのはアルファベットの母音のみ。母音を取り出して算出します。

例）太田雄大（おおたゆうだい）さんの場合

①ヘボン式ローマ字で綴ります。

OTA　YUDAI

②母音のみ取り出します。

OTA　YUDAI

6　1　　3　19

③各々の数を加算し、1桁の数か、11、22、33になるまで分解して加算します。

6＋1＋3＋1＋9＝20

2＋0＝2

→ソウル・ナンバー2

＜同じソウル・ナンバー同士は親しくなりやすい!?＞

　同じ数字を持つ人同士は、非常に近い価値観を持っているため、いわゆる「似た者同士」ということができます。ことソウル・ナンバーは本能的な快・不快が似ているため、理屈抜きで重なる部分が多いでしょう。「不思議とわかり合える」など、心の深い部分で共鳴しやすい、ということがいえます。

Soul Number
1

自立心が旺盛で
トップにあることで満足感を得る

　ソウル・ナンバー「1」の魂は、人の決めたルールや方法に従うのではなく、自分のベストだと思うやり方で、周囲の人々を先導していきたいと思っています。

　人の上に立つのが好きなタイプではなかったとしても、「こうしたらうまくできるのに」とか「なぜ従わなければならないのか」といった不満を心に抱えている人もいるかもしれません。

　それは、「自分が一番でありたい」という承認欲求が心に潜んでいるから。自分の意向を示すことのできる場が用意されれば、才能は日の目を見るでしょう。

◇ 魂の救済法 ◇

　大きなフィールドで自分の主張を発表する場合は、多くの人の意見も相まって、微調整される可能性があります。しかし、家庭や狭い交友関係の間で、自分の意見ばかりをつい押し通していると、単なるわがまま、自分勝手な人と思われてしまうことも。

　ぜひ、そばにいる人たちの気持ちを想像するような訓練をしてみましょう。自分がいつも正しいわけではない、と多様性を認められるようになると、人間的な魅力と厚みが増し、より立派なリーダーとなることができるはずです。

Soul Number
2

愛のある穏やかな場所で
魂の安らぎを感じる

　ソウル・ナンバー「2」の魂は、争い事のない穏やかな環境を求めています。もし、身近な人たちがもめていたならば、それぞれの気持ちを汲み取りながら、仲裁に入って場の雰囲気を和ませるなど、心を砕いてその場を丸く収めようとするでしょう。「2」は協調性や感受性が高いため、本当は関わらないほうがよいことでも、見て見ぬふりはできません。それが大切な人ならばなおのこと、です。

　優しさを持ち合わせていることは「2」の魅力ですが、周りとの関係性が悪くなることには耐えられません。そのため、気づかぬうちに自身の意見を合わせてしまうことも。それが些細なことなら問題はないのですが、生活で大きな割合を占める内容であった場合は要注意です。

◇ 魂の救済法 ◇

　共感力が高いということは、周囲の心の乱れ具合によっては「2」自身の心も乱されて、負の感情も引き受けてしまう危険性があります。

　相手のパワーが強ければ、それに振り回されたり、同調したばっかりにトラブルに巻き込まれたりすることもあるかもしれません。心のダメージを予防するためには、人との境界線をあえて認識することも必要でしょう。そして、自分を守るためにも、ときには「ノー」と言える強さを身につけるようにしてください。

Soul Number
3

楽しむことが人生の醍醐味
ポジティブ精神で陽の気をまとう

　ソウル・ナンバー「3」の魂は、楽しいものや面白いことを常に求めていて、そこに浸ることができる環境を幸せと感じます。

　根っから陽気で楽天家なので、困難な状況も「たいしたことではない」「なんとかなるはず」とポジティブに捉えることができるでしょう。

　また、「自分は運がいい」という根拠のない自信があるため、少々のことがあっても、悲観せずに物事に取り組み、結果、山を乗り越えやすくなるという相乗効果もあるようです。その明るさは周りをも巻き込んで楽しい気持ちにさせてくれるでしょう。

魂の救済法

　ハッピーが毎日続けばよいのですが、人生楽しいことばかりではありません。ときに大きな責任を背負わされたり、ケガや大病で、出口が見えず苦境に立たされることもあるでしょう。少々の困難なら明るさでカバーできますが、ダメージが大きいと、いつもの楽観主義がなりを潜めて、暗く沈むばかりになってしまう可能性が。

　そういうときこそ、ツキを信じて、「自分が成長するために、このことが起きているんだ」とポジティブに捉えることが大切です。「3」には、ピンチをチャンスに変える力がありますから、小さくてもよいので希望の光を探していきましょう。

Soul Number
4

リスクマネージメント能力に長け
安定した地位を手に入れる

　ソウル・ナンバー「4」の魂は、現実的な世界で安定を得ることに安らぎを感じます。

　ことを始めるときには、まずはゴール地点をしっかりと決めて、綿密に無駄のないプランを練るでしょう。特に力を入れるのは、土台となる基礎固め。さまざまな危機を想定してどこから横槍が入ろうとも倒れないように考え尽くしていきます。まじめな「4」のことですから、冷静に遂行しようと努めるでしょう。

　プランを着実にこなしていくことで、周囲からは信頼され、そして自身は地に足のついた堅実な生き方をすることに満足できるのです。

◇ 魂の救済法 ◇

　「4」は予測を立て、それに対応する策をあらかじめ練っておきたいタイプ。そのため、先がどうなるかわからない不安定な状態に置かれたり、突発的な出来事が起きたりすると、不満が募ったりパニックになったり、また無気力になったりすることがありそうです。

　あらかじめ自分は「変化に弱い」「先が見えないと不安になりやすい」ということを把握しておくとよいでしょう。柔軟性に欠けているともいえますから、心が頑なになっていると感じたら、それを解きほぐすことも大切。肩の力を抜いてリフレッシュすることも忘れずに。

Soul Number
5

心の求めるままに行動し
ありきたりな生き方は望まない

ソウル・ナンバー「5」の魂は、自由と変化を好み、興味の惹かれるものに迷いなく飛び込んでいきます。後ろを振り返らない潔さがあるので、新天地にも大胆にチャレンジしていけるでしょう。

飛び込む際も、今いる環境のしがらみや体裁などはあまり気にしないため、周囲からは自由を謳歌し、生きたいように生きているように見えることがしばしば。そのため、羨望の的になることもありそうです。

特に人生の岐路に立ったときはその冒険心がうずき始めるので、常識の枠を飛び越えても、魂の声に従って行動することが多くなるでしょう。制限を外し、自由度を高めることが「5」の望みなのです。

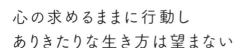 魂の救済法

欲求のまま興味を惹かれるものを渡り歩くようになると、刺激や変化に慣れてしまい、ついには高揚感を感じにくくなり、何をしても物足りなさを感じるようになるかもしれません。

それはその環境下で何も得ていないために起こること。物事の真意まで到達せず、面白い部分を理解しないうちに、次に移ってしまうからそうなるのです。何をしても、なんだかつまらない、満足感が得られない、と感じてしまうなら、一つの状況に長く留まってみて、物事の奥まで深く掘り下げて理解するように努力してみましょう。

Soul Number
6

惜しみない愛情を注ぐことで
存在意義を確立する

　ソウル・ナンバー「6」の魂は、身近で大切な人間を「守る」ことによって満たされていきます。

　それは母性本能に似たものがあり、恋人、家族、友達など近しい人に向けられ、テリトリー外だと思った人に対しては、あまり働きません。

　心を許せる相手と認めた人には、愛情を惜しみなく注ぎ、また、身を呈して尽くすことに喜びを感じます。そして、相手に「ありがとう」「あなたのおかげだよ」と感謝されることで、さらに世話を焼いてあげたいと思い、正義感もより強く芽生えていくでしょう。

◇ 魂の救済法 ◇

　人に尽くすことが好きでも、自身が困ったときには、やはり頼れる人がいると安心するもの。「6」はいつも愛情を与える側にいるため、誰かの世話になりたいという思いがあまりありません。

　本当に困ったときや、親密な関係を維持するためには、自分の弱点や欠点も少しずつさらけ出していきましょう。

　相手に寄りかかることができるようになると、これまでと違って新たな居心地のよい場所を発見できる可能性が。「6」が安心することで、相手も喜びます。そうするとお互いの成長にもつながり、より深い関係性へと発展していくでしょう。

Soul Number

7

自問自答する時間で
人生の深みが増していく

　ソウル・ナンバー「7」の魂は、「知る」ことを渇望しています。探究心が旺盛なため、未知のことを調べたり、興味ある分野を掘り下げて分析したり、また物事を短絡的に終わらせず、哲学的に追究していくことを望んでいます。

　安易に妥協したり、他人の意見に同調して流されたりはしないので、納得できるまで答えを追い求めていくでしょう。自分の心の声を大事にして、常に自身と対話していきます。「どうしてそう思うのか」「なぜ腑に落ちないのか」「これが理由だったのか」と、じっくり過ごす時間の中で、貪欲に答えを見つけていくでしょう。

◇ 魂の救済法 ◇

　「知る」時間を持つことは、「7」にとってなくてはならないこと。そのため、仕事に忙殺されたり、家族の世話や恋人とのデートなどで、一人で過ごす時間が持てなくなると、どうしても負担を感じてしまい、心に余裕がなくなってしまうでしょう。

　そのため、あえて親密にならないように相手と距離を取っているところがあります。でも、それでは変に誤解されてしまうことも。大切な人にこそ「一人でいる時間の大切さ」を理解してもらえるように、きちんと説明することが大事だといえるでしょう。

Soul Number
8

強くありたいと願い
自分の弱さを克服していく

　ソウル・ナンバー「8」の魂は、「強さ」に対する欲求を抱いています。自分のコンプレックスや意志の弱さを克服し、ピラミッドの頂上に登りつめることが憧れです。

　ライバル意識も強く、似たような立場の人を見ると「自分よりも上か下か」といったランクづけを瞬時にするかもしれません。そして、自分と同等、もしくは上にいると思ったならば、勝手に敵対意識を抱き、闘争心を燃やすこともあるでしょう。でも、その負けん気の強さとプライドの高さがバネになるのです。「8」には成功や権威を手にするまで、挑み続けるパワーと実行力があります。

◇ 魂の救済法 ◇

　「強さ」＝「地位」や「権力」といった目に見えるものばかりにフォーカスしてしまうと、それらを得られなかったときの敗北感は何倍にもふくれあがるでしょう。

　そんなとき、自分を否定してしまうことも。でも、自分が感じる敗北には必ず原因があります。例えば意志に負けて努力を怠っていたなど。まずは自分の弱い部分も素直に受け入れることが大切です。その弱さを認め、真の「強さ」に変えていけるよう、一つずつ心の強度を増していきましょう。そうすれば、「8」の魂は、より輝きを放つはずです。

Soul Number
9

共感力と柔軟性で
相手を大きく包み込む

　ソウル・ナンバー「9」の魂は、「すべてを受け止めて理解したい」という寛大さを持っています。

　それは多様性を受け入れ、理解して認め合うことでもあり、もしそれを世界中の人たちができたなら、平和が約束されるといっても過言ではないと本気で思っているでしょう。

　「こうでなければならない」という執着を捨てることで、心を解き放ち、見栄や欲望などと無縁の立場を貫きます。その大らかさは周囲の心をほぐして穏やかにし、大きな愛を与える存在となっているでしょう。

◇ 魂の救済法 ◇

　世の中は誰もが「9」のような博愛の気持ちや柔軟性を持ってはいないので、「どうして譲れないのだろう」と思うことも多々あるはず。

　「9」は相手の考えを否定せず、理解を示すため、自分の考えとは違ったとしても、相手の意見を認めます。とはいえ、その姿勢はときとして、優柔不断やお人好し、と思われてしまうこともしばしば。でも「9」は、戦ってまで自分の意見を通すことに苦痛を感じます。

　心が疲れてきたなと感じるときは、主張の強い人たちと意識的に距離を取りましょう。たまには気持ちを緩めて、信頼のおける人にグチを聞いてもらうのもおすすめです。

Soul Number
11

美しく汚れのないものから
穏やかなエネルギーを受け取る

　ソウル・ナンバー「11」の魂は、「美しいもの」に強く惹かれる傾向があるでしょう。

　それは、単に美しい花や優れた芸術品などにとどまらず、清らかな場所、心地よい音色、神秘的なもの、スピリチュアル性など、目には見えないものも含まれます。

　これは「11」の生まれながらにして持つ豊かな感受性によるもので、物や人が持つといわれている「気」や「エネルギー」の流れなどを、敏感に感じ取ることができるからです。

◇ 魂の救済法 ◇

　気やエネルギーの流れに敏感な「11」は、プラスのエネルギーを吸収しやすい反面、マイナスのエネルギーも受け取りやすいでしょう。

　衛生的に劣悪な環境や、人の嫉妬や恨みなどが渦巻いているような場所、また覇気のない集団や攻撃的な人たちが多いところでは、特に「11」の魂は疲弊し、気力が失われてしまいます。

　そんなときは、その場から立ち去るのが正解です。時と場合によっては、自分勝手な振る舞いに見えることもあるでしょう。ですが、魂の声に従うのがおすすめ。意識的に美しいものを見たり、心地よい関係の人と会って、魂をリセットするとよいでしょう。

Soul Number
22

権力には屈せず
不正や理不尽さに立ち向かう

　ソウル・ナンバー「22」の魂は、正義を求め奔走することで活気づきます。理不尽な制度や不正で泣き寝入りしている人などを見ると、いてもたってもいられず、使命感に燃えて改革を試みるでしょう。

　さらに「22」は、正しいと思ったことをただ主張するのではなく、改善案を考えて周囲に伝え、理解してもらうよう努力を重ねます。向上心が高く、小さな枠に収まることがありませんので、より大きなステージに活躍の場を移し、世の中をよりよくするための活動を積極的に行っていきます。そうした行動に心からの満足感を覚えるでしょう。

◁ 魂の救済法 ▷

　いくら「22」が正義を持って対処しても、立ち向かう相手が大きければ大きいほど、理想を現実にするのは難しいもの。会社の中の不正を暴いたり、社会の弱者を救うために行動したりすることはとてつもなく勇気がいるからです。

　途中で心が折れそうになったら、自らを責めることなく一度そこから離れてみましょう。そして、もっと小さなコミュニティに目を向けてみてください。小さな問題を解決していくことにも、大きな意味があります。自分の価値を再確認できれば、胸の中に宿る熱い想いが「22」の魂に火をつけ、再び大きな問題に立ち向かう勇気を得るでしょう。

Soul Number
33

他者への惜しみない愛の奉仕で
自身も救われる

　ソウル・ナンバー「33」の魂は、人のために時間を使い、スケールの大きな愛を与えることで満たされます。

　困っている人がいれば、損得勘定抜きで自然と手を差しのべるでしょう。人助けをしているという感覚ではなく、人の幸せは自分の幸せと純粋に感じられるのです。

　どんな状況でも「なんとかなる」という勘で、ピンチに陥っても、切り抜けていく運の強さがあります。実際に不思議と、「なんとかなってしまう」ことが多く、「33」の魂はより神秘性を帯びていくのです。

❖ 魂の救済法 ❖

　ほかの人たちより大きな視点で物事を捉えるため、周囲と意見が食い違うことや、理解してもらえないことがあるでしょう。

　「変わっている人」「独特な視点を持った人」と相手から線を引かれることもあります。それでも悪意のない「33」の言動は、天然キャラとして愛されるはず。

　でも、自分の考えや行動を素直に表すのが辛いと感じたときは、その気持ちに従いましょう。心が落ち着くまで好きなことをして過ごし、魂を休める必要があるのです。十分に英気を養ったあとは、一層輝くオーラをまとって、神々しいまでに魂が復活するでしょう。

コア・ナンバー④
パーソナリティー・ナンバー

表面上のキャラクター
人から見た印象を表す数字

　パーソナリティー・ナンバーは、自分が他人からどう見られているか、どんな印象を持たれているかといった表面的な人格を表す数字です。

　この数字は、ライフ・パス・ナンバーやソウル・ナンバーのように性質や本能的欲求を表しているわけではありません。とはいえ、社会生活を共にしている人たちが持つ印象ですから、あながち、そのイメージと本来の自分がかけ離れているわけでもないでしょう。場合によっては、「他人が抱く印象＝自分自身の真の姿」と思っている人もいるかもしれません。

　「人からどう見られているのか」を考えるということは、「他人から何を期待されているのか」を知る手がかりにもなります。それに応えていくことが良好な関係性を保つことにつながったり、社会的な出世に結びつくということもあるでしょう。

　ただし、周囲からの印象を保つため、本来の姿や心の欲求を偽るようなことになると、演じることに疲れたり、気持ちが追いつかず逃げ出したくなったりすることもありえます。

　そうならないように、コア・ナンバーズのほかの数字をしっかり分析し、自身を理解して、本音と建前に矛盾が生じないよう、心持ちを整えていく必要があるでしょう。

パーソナリティー・ナンバーの求め方

「氏名」をもとに算出します。アルファベットと数字を対応させた変換表（24ページ参照）を使い、氏名を数に変換していきます。ただし、パーソナリティー・ナンバーで必要なのはアルファベットの子音のみ。子音を取り出して算出します。

例）川崎良（かわさきりょう）さんの場合

①ヘボン式ローマ字で綴ります。

KAWASAKI　RYO

②子音のみ取り出します。

<u>K</u>A<u>W</u>A<u>S</u>A<u>K</u>I　<u>R</u>YO
2　5　1　2　　9 7

③各々の数を加算し、1桁の数か、11、22、33になるまで分解して加算します。

2 + 5 + 1 + 2 + 9 + 7 = 2 6

2 + 6 = 8

→パーソナリティー・ナンバー8

＜パーソナリティー・ナンバーが0となる場合＞

　数秘術では通常、0を使用しません。しかし、氏名が母音のみで構成されている場合、パーソナリティー・ナンバーが0になることがあります。

　0は「あの世」を示す数字で、文字通り、「何もない」「存在しない」といった意味を表しています。そのため、霊的な感覚、スピリチュアルな感覚にもつながっていると考えられ、パーソナリティー・ナンバーとしては、透明感のある人、とらえどころがなく不思議な魅力をまとった人、そんなイメージにつながるといえるでしょう。

Personality Number
1

頼りになるリーダーで
決断を任せたいと周囲が感じる

パーソナリティー・ナンバー「1」の数字は、周囲からは、リーダー役・仕切り役として頼れる存在、と思われています。

自信があるように見えるため、集団の中では目立ち、意見を求められたり、進行役を任されたりすることが多いでしょう。

「1」は、次々に新しいことへチャレンジしている印象も強く、周りの人たちもたくさんの刺激を受けているはずです。ただちょっと強引なイメージを与えている可能性が。言い方がキツくなっていないかなど、客観的に自分の言動を見直してみるとよいでしょう。

葛藤や矛盾が起こるケース

ほかのコア・ナンバーに、サポートや調整役を好むナンバー「2」や「6」がある場合、統率者としての行動を期待されることが、重荷に感じることがあるかもしれません。

また「4」など現実的な数字を持っていると、本当は地道な作業をコツコツ続けることが向いているのに、新規開拓が得意だと思われてしまって、苦労しやすいなんてことがありそうです。

もし、自分の気持ちや行動と、周囲の期待にギャップがあると感じたときは、思い切ってリーダー的なポジションから退き、本当にやりたいと思ったことに専念していきましょう。

Personality Number
2

この人は優しくて穏やか
調整役としてそばにいてほしいと思われる

　パーソナリティー・ナンバー「2」の数字は、周囲からは、細やかな心配りで、場を調整する秘書的な存在、と思われています。タイプの違うさまざまな人が集まる場でも、「2」がいるとその場をうまく調整してまとめてくれる、そんな印象を持たれているでしょう。

　「2」の意図とは関係なく、たとえハッキリした意見を伝えなくても、心の機微を汲み取る力がある人と思われている可能性もあります。相手の心に寄り添う優しい人、という印象が多くの人が感じる「2」のイメージでしょう。

葛藤や矛盾が起こるケース

　ほかのコア・ナンバーに「8」や「22」など、意志が強く、実行力の高い数字がある場合、サポーター的な役割を振り分けられて、物足りなく感じたり、「こうやったらうまくいくのに」といった別案が浮かび、それを主張したくなることもありそうです。

　また「5」のように、あっさりとした人間関係を好む傾向のある数字がほかのコア・ナンバーにあると、「あなたならわかってくれると思ったのに……」などと言われてしまう可能性も。

　こうした印象によって、自分が息苦しく感じた場合は、そのポジションから離れる勇気を持つことも大切です。

141

Personality Number
3

いつも楽しそうにしている人気者
場が明るくなると期待される

　パーソナリティー・ナンバー「3」の数字は、周囲からは、コミュニケーション能力に長けた人気者、と思われています。どんな場面でも、面白い素材を見つけ出し、それを周りと共有してくれ、近くにいるとワクワクすることを提供してくれる、楽しい存在だという印象があるでしょう。

　また、流行にも敏感で、明るく活発に動き回っているイメージが強く、遊びの誘いなども必然的に多くなりそうです。一緒にいて活力を与えてくれるムードメーカーとして扱われているはず。

葛藤や矛盾が起こるケース

　ほかのコア・ナンバーに、まじめで現実的な面が強い「4」などが入っていると、見た目の印象とは違って、「意外とノリが悪いね」などと言われて戸惑いを覚えることがあるかもしれません。

　また、野心があってパワフルな「8」や「22」が入っていると、「3」の持つ楽観的なイメージは、どこかに吹き飛んでしまうでしょう。

　明るく社交的な印象は「3」の大きな魅力ですが、そのイメージを崩さないように無理を重ねると、家に帰ってからどっと疲れが出てしまう、なんてことになりかねません。ときには一人旅に出るなどして、英気を養う時間を意識的に取るよう心がけてください。

Personality Number
4

あの人なら信頼できる
常識もあって誠実だと感じさせる

パーソナリティー・ナンバー「4」の数字は、周囲からは、まじめで信用の置ける誠実な人、という印象があるでしょう。

なんでも器用にサッとこなしてしまうスーパーマン的なイメージではありませんが、何事も地道に丁寧にこなす姿勢から、「あの人に任せておけば安心だ」という絶大な信頼を寄せられるはずです。

失敗をしたときも、ごまかしたりすることなく素直に謝り、真摯に対処するので、さらに信用度は高まります。結果、学校や職場では責任のあるポストを任されることも多いでしょう。

葛藤や矛盾が起こるケース

安定感の強い「4」ですが、楽しいことをすぐに取り入れる「3」や、冒険好きの「5」などのコア・ナンバーが含まれていると、堅実な態度を望んでいた人たちには「あれ、本当は落ち着きがない人なのかな?」という印象を与えてしまうこともありそうです。

また、現実的な視点を持っているはずと期待されたのに「11」や「33」などスピリチュアルな視点が入っている数字だと、「いきなり突拍子もない意見が出るな」とびっくりされてしまうこともあるでしょう。

周りの期待がちょっと重荷だなと感じたら、無理せず息抜きをすること。戸外で、大きく深呼吸するだけでも心が軽くなるはずです。

Personality Number
5

常識やしがらみにとらわれない
自由奔放な人と思われる

　パーソナリティー・ナンバー「5」の数字は、周囲からは、しがらみをものともせず、自由に動き回るアクティブな人と思われるでしょう。

　あふれる冒険心を持ち、チャレンジ精神が旺盛で、リスクをリスクと思わぬ大胆さが、多くの人を魅了して、清々しさすら与えるのです。

　また、どんな場面でも臨機応変に対応し、スピード感を持って処理する能力があると思われるので、多才な人と評価されます。

　次々と興味の対象が変わるので、飽きっぽいのかなという印象を持たれることもありますが、自由奔放さは羨望の的になるでしょう。

葛藤や矛盾が起こるケース

　ほかのコア・ナンバーに「4」や「8」のような現実性を大事にするナンバーがあると、自由奔放に見える「5」の印象とは異なるかもしれません。

　「自由を謳歌していて羨ましい！」と周りからは言われるのに、安定した生活を好むとなると、自身の本質とイメージの差が大きく、ときにはそれが苦しいと感じることもあるでしょう。

　憧れの偶像を演じなければならないことに、いつしか疲れてしまうことがないよう、ギャップがあることをまずは自身で知り、受け入れ、バランスをとっていく必要がありそうです。

Personality Number
6

包容力のある愛にあふれた人
困ったときには頼りたいと感じさせる

　パーソナリティー・ナンバー「6」の数字は、周囲から、親や先生のように頼りたくなる存在だという印象があるでしょう。

　困ったときや助けてほしいとき、真っ先に思い浮かぶのが「6」で、親身になって優しく接してくれる、そんなイメージを持たれています。

　同時に、正しい方向に導く的確なアドバイスももらえるため、姉御肌的な、または指導者のような心強い味方として頼りにされることも。

　ただ、ほかのコア・ナンバーにも「6」が複数あると、世話焼きが過ぎておせっかいな人だと思われてしまうことがあるかもしれません。

葛藤や矛盾が起こるケース

　奉仕の精神が強い「6」ですが、ほかのコア・ナンバーに、楽観性の高い「3」や、変化を好む「5」があると、人の面倒を見るよりも自分を優先させたい気持ちが勝ってくることがあるかもしれません。

　相談しやすい雰囲気があるため、悩み事などを打ち明けられやすいのですが、「自分のことではないしな〜」などと思い入れが雑になったり、「大丈夫、なんとかなるよ」と根拠のないアドバイスをしたり、相談者が肩すかしのような気持ちになることも。最初から「ここまでは助けてあげられるけど」といった線引きをして、そこまで精一杯応援してあげるようにするとよいでしょう。

Personality Number
7

冷静でクールな印象から
近寄りがたい人と思われる

　パーソナリティー・ナンバー「7」の数字は、神秘的なオーラに包まれていて、孤高でクールな印象もあり、近寄りがたい存在に思われているかもしれません。

　グループで、打ち明け話をしていたとしても、「7」だけは内面をさらけ出さなかったり、みんなが「それいいよね！」と賛同するようなことにも、見解が違えば右にならうことはしないイメージです。

　逆をいえば、芯が強く、自分をしっかり持っている印象につながりますが、周囲からは、なかなか本音が見えず、扱いづらい人と思われてしまうこともあるでしょう。

葛藤や矛盾が起こるケース

　人を寄せつけないオーラのある「7」ですが、ほかのコア・ナンバーに「3」などの社交的な数字が入っていると、相手との距離がなかなか縮まらずにストレスを感じる可能性があります。一人でいたいと思うときは「7」の近寄りがたい印象はそのまま生かし、輪に溶け込みたいと思うときは、自分から笑顔を見せて、近づいていくようにしましょう。

　また、「1」などの積極性の強い数字がある場合は、クールな印象とのギャップに驚かれることがあるかもしれません。そのギャップを理解し、自分の魅力に変えていく、というのもおすすめです。

Personality Number
8

パワフルにミッションをクリアしてくれそう
有能で頼れる人と感じさせる

　パーソナリティー・ナンバー「8」の数字は、どっしりとした存在感があって、影響力の大きな人物と思われていそうです。タフでバイタリティあふれる仕事ぶりに、有能な人、頼りになる人、といった評価をされるでしょう。

　何に対しても全力投球でぶつかっていく精神力があるため、周囲の人たちは、安心感を持ってついていきたくなるのです。

　ただし、あまり弱音を吐くイメージがないので、その印象をキープしようとすると、実力以上の働きをしなければならなくなることに。無理をせず身の丈に合ったことを選択するようにしましょう。

葛藤や矛盾が起こるケース

　「8」は強いパワーを持つ数字なので、その場をまとめて主導することや決断を求められる役割などを与えられがちです。とはいえ、ほかのコア・ナンバーに共感力の高い「2」や「9」があると、つい相手の意向も汲んでしまい、望まれている役割を果たせない可能性があります。

　また、冒険心や遊び心満載の数字、たとえば「3」や「5」がコア・ナンバーにある場合は、結果が出る前に飽きてしまい、途中で投げ出してしまうことも。そうならないよう、自分のプライドを守る意味でも、できないことはできないと、最初に伝える勇気を持つことが大切です。

Personality Number
9

誰にでも公平に接してくれる人
その場に応じて必要な役割をこなすと思われる

　パーソナリティー・ナンバー「9」の数字は、柔軟性と共感力の高いイメージを持つので、癒し系キャラとして人気が高いでしょう。強い自己主張はせず、周りの意見を否定しないため、おおらかな人という印象を持たれているはず。

　また、「9」のそばにいると、考え方や生き方を穏やかに聞いてくれるため、自信がわき、心を開いて理想や夢を語りたくなるのです。本音を語れる喜びに、活力を感じる人も多いでしょう。精神的に傷ついた人や寂しい思いをしている人などが、周囲に集まりやすいかもしれません。

葛藤や矛盾が起こるケース

　他者を理解することに長けている「9」ですが、ほかのコア・ナンバーに、自分の望む道を力強く進みたいと願う「1」や「8」などがあると、見た目と違って素直に相手を受け入れにくくなることがあります。「きっと共感してくれると思ったのに……」と、同意を求めて集まってきた人が、残念な気持ちになってしまうことも。

　とはいえ、下手に同意を示して依存されても困りますから、共感できないときは「できない」と、素直に気持ちを表してもよいのです。ただ、小さな共感でもよいので、相手を理解する糸口を探してみると、お互いの関係がギクシャクせずにすみ、よい方向に進みやすいでしょう。

直観力や感受性が強い人
スピリチュアルな才能があると感じさせる

　パーソナリティー・ナンバー「11」の数字は、周囲からは、ピュアで繊細、どこか女性的な印象を持たれるでしょう。自分の意思とは関係なく、神秘的なオーラを発しているので、大勢の中にいても独特な存在感を放っているはずです。

　「11」が「こちらがよさそう」という意見を発すれば、人々は、確固たる証拠や根拠がない場合でも、なんとなくそれを受け入れてしまう傾向が。そんな不思議なパワーを「11」は持っています。研ぎ澄まされた雰囲気からスピリチュアルな才能を感じ取っているのかも。

葛藤や矛盾が起こるケース

　神秘的なイメージのある「11」ですが、ほかのコア・ナンバーに「4」などの現実的な数字がある場合は、直感を無意識に抑え込む可能性があります。予兆や暗示を自然の流れで感じても、「それは現実的じゃないよね、根拠だってないし」というような考えが働き、感覚的な思考を打ち消してしまうところがあるでしょう。周りからは、「意外と現実的なんだな」と、思われることがありそうです。

　「11」の印象を生かすには、「考える」よりも「感じる」ことを表現していきましょう。現実的な視点に絞っていくのではなく、想像をふくらませることを、ぜひ意識してください。

Personality Number
22

周囲の期待に応え、
理想の実現に燃えるタイプと思われる

　パーソナリティー・ナンバー「22」の数字は、周囲からは、ストイックなまでに努力をして、必ず成果をあげる意志の強い人、といった印象があるでしょう。

　普通の人なら根をあげてしまいたくなる無理難題でも、「この人ならやり遂げてくれるだろう」といった期待を周囲に抱かせ、信頼を寄せたくなるのです。

　さまざまな頼みごとをしたくなる、任せたくなる、そんな頼られキャラとして位置づけられ、その頑張る姿勢を評価されるでしょう。

◇ 葛藤や矛盾が起こるケース ◇

　「22」は、パワフルなイメージを持たれるため、難しい仕事や大きなプロジェクトリーダーなど、責任の重い役を任されることが多そうです。

　ただ、ほかのコア・ナンバーに「3」や「5」などの冒険心が旺盛で楽観的な数字があると、別のことやラクなほうに流されやすく、成果が薄れてしまう可能性も。一定の成果はあるのに、周囲から「期待外れだったな」と思われ、不遇になることが。そうならないよう、サポートしてくれる人を周りに置く、というのもおすすめです。

　とはいえ、努力することを苦にしない「22」は、周りを勇気づける存在であることに変わりはないでしょう。

Personality Number
33

悪意や利己的な部分を感じさせない人
風変わりなヒーラータイプと思われる

　パーソナリティー・ナンバー「33」の数字は、周囲からは、天真爛漫で、いるだけで癒しを与えてくれるようなヒーラー的な存在に思われているでしょう。

　損得を考えて行動するようなところが見受けられず、目の前の人が求めていることに一生懸命応えようとしてくれる、親切な人といった印象です。

　ただし、突拍子もないことを言ったりして、空気の読めない人、天然なのかな、と思われることもありそうです。

葛藤や矛盾が起こるケース

　癒しを求めて、「33」の周囲には人が集まるのですが、ほかのコア・ナンバーに「1」や「8」など、自分の意見をしっかりと主張するような数字があると、人々はイメージとのギャップに「じつは厳しい人だったんだ」と感じてしまうかもしれません。

　もちろん、自分の意見を主張することが悪いことではありませんが、発言するタイミングは大事。「今、ここで？」と、周りがあっけにとられるようなことが続くなら、少し注意が必要です。自分ではおかしくないと思っても、相手の反応をよく見ながら自分の言動を振り返り、空回りしている原因を探るクセをつけていきましょう。

コア・ナンバー⑤
バースデー・ナンバー

持っている資質を開花させる
武器や強みを表す数字

　バースデー・ナンバーは、その人の持った才能を開花させるための武器や強みを表します。

　例えば、バースデー・ナンバーが「1」の人の強みは「行動力」ですから、大事な場面では、自身の強みである行動力が決め手になります。

　また、バースデー・ナンバーはライフ・パス・ナンバーを補佐する数ともいわれ、人生を歩む上で助けとなる要素や、才能を引き出したり、さらに発展させたりするための手段を表すこともあります。

　例えば、まじめさが際立つ「4」をライフ・パス・ナンバーに持っていても、バースデー・ナンバーに「3」のような楽天的なエネルギーの強い数字があれば、力むことをやめて楽しむことに切り替えたら、現状がうまく回り出すかもしれません。

　また、プロジェクトに集まったメンバーのライフ・パス・ナンバーがさまざまでも、バースデー・ナンバーに直感力の高い「11」を持つ人が多い場合、「11」の直感力が現状を打破するきっかけとなるようです。当初の計画よりも、そのときどきの直感によって物事が決まっていく、そんな特徴が生まれやすいといえるでしょう。物事が思うように進まないときはもちろん、ステップアップをする際のきっかけ探しにも、バースデー・ナンバーを活用するとうまくいく可能性が高まります。

バースデー・ナンバーの求め方

　「生まれた日」をもとに算出します。生まれ年、月は必要なく、生まれた日のみで算出します。2桁の場合は、さらに1桁に分解して加算しますが、11、22の数になった場合は、1桁に還元せずにそのままバースデー・ナンバーとします。ただし、33日生まれはないため、バースデー・ナンバーに33は存在しません。

例）１９６５年8月１３日生まれの人の場合
①生まれた日のみを用います。
　１３
②1桁になるまで加算します。
　１＋３＝４
→バースデー・ナンバー４

　　　＜バースデー・ナンバーが示す大まかな強み＞
　人生をもっとクリエイティブにしたいときは、バースデー・ナンバーの持つ強みを生かしましょう。下記に示す強み以外にも、16ページで紹介しているそれぞれのナンバーのポジティブなキーワードが強みになります（「強み」ですから、取り扱うのはポジティブなキーワードのみです）。
「1」… 行動力　「2」… 受容性　「3」… 楽観性
「4」… 具体性　「5」… 冒険心　「6」… バランス力
「7」… 洞察力　「8」… 実現力　「9」… 共感力
「11」… 直感力　「22」… 意志力

Birthday Number
1

「積極的に進むこと」が
人生の助けや強みとなる

　バースデー・ナンバー「1」の強みは、「行動力」です。

　頭で考えるよりも積極的に身体を動かし、どんなときも立ち止まらずに前へ進む行動力が、「1」の強みといえるでしょう。

　「1」は、人に何かをしてもらったり、みんなと一緒に流されるのではなく、自ら働きかけて動くことに価値があります。主体的に生きることが、才能を開花させることにつながるでしょう。

◇ 日にち別アドバイス ◇

1日生まれ……「1番」のポジションこそ、実力を発揮しやすくなります。たとえ前例のないことでも、全力で前進を。トップを目指し、そのことに向かって進むことで、それが現実となるでしょう。

10日生まれ……ただ積極的になるだけではなく、自身の行動が、人の役に立つことをしっかりアピールして、結果を出すことが必要に。

19日生まれ……才能を発揮するには、異種と思われるものを組み合わせることがおすすめ。一般的な概念を覆す努力が必要です。そこを意識しながら、積極的に行動すると成功しやすくなります。

28日生まれ……周りの人がやっていないことに挑戦しましょう。そして、自身の爪痕をしっかり残すのです。始めたからには結果を出す、という意気込みこそが、活躍の場を約束してくれるはず。

Birthday Number
2

「受け入れること」が
人生の助けや強みとなる

　バースデー・ナンバー「2」の強みは、「受容性」です。

　たとえ自分の考え方と相手の意見が違ったとしても、一度受け入れて、なるべく相手の意向に沿うよう歩み寄るのが「2」の特徴といえるでしょう。頭ごなしに否定したり、無理に自分を優先させたりしない協調性のある行動こそが、「2」の強みであり、人生を豊かにしていくための武器となるはずです。

日にち別アドバイス

2日生まれ……人と関わること、とりわけパートナーに恵まれると、自身の才能が引き出されやすくなります。というのも、2日生まれの人は、「頼り頼られ」といった相互作用の中で魅力を発揮できる人だからです。信頼できる人から、「これが向いていると思うからやってみなよ」と言われたら、素直に聞き入れましょう。受け入れることで、才能が一気に開花する可能性が十分にあります。

20日生まれ……「受け身」でいることが人生のプラスに作用するでしょう。ここでいう「受け身」とは「柔軟性がある」ということ。人の意見に流されるのではなく、しっかりと聞く耳を持って、自分の考えとすり合わせていくことです。軸はぶらさず、しなやかに受け止めること。その柔軟性が、ほかの人にはない大きな強みとなるでしょう。

Birthday Number
3

「力まないこと」が
人生の助けや強みとなる

　バースデー・ナンバー「3」の強みは、「楽観性」です。

　目標を達成するには、着実に土台を積み重ねていくことも大切ですが、そればかりで成功するとは限りません。「3」の「なんとかなるさ」といった力まない姿勢が武器となり、いい結果を導き出すといえます。楽観的に「私ならできる」と信じること。そうすれば実力を発揮しやすくなり、ピンチをチャンスに変えることもできるでしょう。

◁ 日にち別アドバイス ▷

3日生まれ……どんなことも、楽しいと思える側面を見つけ出すこと。心から「楽しい」と思うことができれば、それだけで光り輝くチャンスが訪れるはずです。

12日生まれ……楽しいことをしながらも、工夫を凝らし、形にすることを心がけましょう。センスあふれる感性を生かし、発想力を鍛えていくと、才能が開花するはずです。

21日生まれ……自分の感じたこと、考えていることを表に出してみましょう。面と向かって言えなくても、絵でも文でもSNS上でも構いません。発信していくことで、新しい局面につながっていきそうです。

30日生まれ……ポリシーにこだわりすぎず、「創造性」と「遊び」を取り入れて楽しんで。その「余裕」が才能を引き寄せるはずです。

Birthday Number
4

「現実的に動く力」が
人生の助けや強みとなる

　バースデー・ナンバー「4」の強みは、「具体性」です。

　高い理想を掲げて大風呂敷を広げるのではなく、ゴールまでたどり着くための具体的なプランをじっくり考えることが、最大の武器となるでしょう。そして結果を出すため、現実的に一歩を踏み出すこと。実際に動くことが「4」の強みですから、たとえ準備不足でも躊躇しないことが大切です。その一歩が、成功を引き寄せるカギになります。

◈ 日にち別アドバイス ◈

4日生まれ……努力を地道に一歩ずつ積み重ねていけることが、最大の強みです。たとえなかなか結果に結びつかなくても、「努力をすれば成功する」と信じることが武器になるでしょう。時間がかかっても、実際に成功をつかむことができるはずです。

13日生まれ……たとえ周りと考え方が異なっても、自分の考えを貫く強い意志を持つことが成功につながります。常識的なパターンと違っても、それが「必要だ」と認めさせることができれば、それは大きな武器になるでしょう。

31日生まれ……新しい手法や技術を「自分流」にアクセントとして取り入れると、既存の才能が引き立ちます。伝統も個性も生かせる人、センスの光る人として、周囲に認知されていくでしょう。

Birthday Number
5

「大胆さ」が
人生の助けや強みとなる

　バースデー・ナンバー「5」の強みは、「冒険心」です。

　思い切って今までと違う世界に飛び込んでみる、不可能だと思われている勝負に挑んでみる、そんな大胆に生きることが「5」の強みといえるでしょう。そのため、常識やルールを破ることも、ときには必要です。失敗も大いに経験してください。無茶だと思われるような挑戦も「5」だからこそできることであり、大きな武器となります。

◁ 日にち別アドバイス ▷

5日生まれ……シナリオ通りに物事を進めるのではなく、好奇心を持って自由に活発に動きましょう。厳しいルール下では「壊す」か「逃げる」か、という選択肢も大いに考慮を。

14日生まれ……体当たり的に挑戦していくのではなく、相手や環境に合わせて、自分の考え方を柔軟に変化させるとよいでしょう。ただし大胆さを失わないこと。それが、より多くのチャンスを引き寄せるということを理解してください。

23日生まれ……さまざまなことを経験し、自分に合うもの、好きなものを選び取って。途中で違うと思ったり飽きたりしたものは、素早く路線変更してOKです。結果に価値を見出すよりも、そのプロセスに学ぶべきことがある可能性も。トライ&エラーを大いに繰り返して。

Birthday Number
6

「バランス感覚のよさ」が
人生の助けや強みとなる

　バースデー・ナンバー「6」の強みは、「バランス力」です。

　バランス力というのは、周囲とうまくやれる力のことで、今自分が期待されていることや、どんな発言がこの場に合ったものなのかといったことを瞬時に感じられる力をいいます。そして、愛と正義と責任感もまた、「6」の武器になります。それにプラスして、教育する力も強みに。「面倒を見る」「成長を願い愛情を注ぐ」という育成力が優れているといえるでしょう。

◇ 日にち別アドバイス ◇

6日生まれ……まずは自分のポジションをしっかり保ちつつ、ブレない姿勢が必要となります。その上で、自分が信じる愛と正義によって、多くの人たちを導いていきましょう。

15日生まれ……自分の価値を自分で評価し、その影響力を生かしていくことがポイントです。自分を卑下したり、過大評価したりするのではなく、自分だからこそできることを最大限にアピールし、手を差し伸べてください。救われる人が必ずいます。

24日生まれ……尊敬する人に認めてもらうことで、道が開けるでしょう。大きなバックボーンを自分の自信につなげることで、周りの人に対して、より大きな愛情を注げるようになります。

Birthday Number
7

「リサーチして分析する力」が
人生の助けや強みとなる

　バースデー・ナンバー「7」の強みは、「洞察力」です。

　何かを始めるときは、「とにかくやってみよう」と瞬時に動き出すのではなく、まずはリサーチをする。そして、メリット・デメリットを把握し、しっかり攻略法を叩き込んでから着手する。それが「7」の強みといえるでしょう。また、集中力や専門性も武器といえます。洞察力を発揮し、自分なりの視点を大事にしてください。

日にち別アドバイス

7日生まれ……目的を一つに絞り、そこに全エネルギーを集中して、攻略していくようにしましょう。一つのものを極めることで、ほかの人と差をつけることができます。より、専門性を深めて、そして高めていってください。

16日生まれ……何かをしようと試みるときには、まず自分自身の分析をしっかりと行うことが大切です。潜在能力を探るには、あらゆる可能性を試すこと。試行錯誤しながら自分の引き出しを見つけ、前に進むようにしてみてください。

25日生まれ……オリジナリティをなくさないことが、人とは一線を画したポジションにたどり着くカギとなりそうです。人と比べることなく、人の評価に惑わされることなく、自身を貫きましょう。

Birthday Number
8

「野心を持つこと」が
人生の助けや強みとなる

　バースデー・ナンバー「8」の強みは、「実現力」です。

　「こうなりたい」「あれを実現したい」という強い思いを抱くことが「8」の原動力。目の前に立ちはだかる障壁を一つ一つ解決していく、その実行力が武器となります。また、結果を出すというのも強みです。プロセスよりも結果にこだわるからこそ、「8」の持つ実現力は大きな価値があるのです。

◇ 日にち別アドバイス ◇

8日生まれ……「継続は力なり」をモットーに、コツコツとやるべきことを積み重ねていけば、大きな業績を残せるでしょう。粘り強さを持ち味に、一定期間は腰を据えて取り組んでみてください。

17日生まれ……スケールの大きな夢を持つことで、より力が発揮されます。誰もが想像できることではなく、周囲が無謀だと思うような大きな目標を設定しましょう。そういう目的にこそ、持ち前の実行力が役立つと思ってください。

26日生まれ……自分の理想像に近い人物を見つけ、そのそばで学び、指導を仰ぐことで、強みが引き出されていきます。「こうしたほうがいいんだ」と納得できたら、自分の取るべき行動がはっきりわかるようになるでしょう。あとは実行していけばよいのです。

Birthday Number
9

「人の役に立つこと」が
人生の助けや強みとなる

　バースデー・ナンバー「9」の強みは、「共感力」です。

　相手の心に寄り添うこと、これが「9」の最大の武器になります。相手のことを否定しないで、理解を示す。これはなかなか難しいこと。でも、「9」はそれが強みといえるのです。寛大な心で周囲を思いやることは、これからの時代にもっと必要となるでしょう。もともと強みとして持っていることが、そのまま人の役に立つのです。

◁ 日にち別アドバイス ▷

9日生まれ……相手の話をしっかり聞けるところが、特に強みとなります。アドバイスするのではなく、ただ聞いてあげる。そばにいてあげる。言葉がなくとも、それだけで多くの人が癒されるはずです。

18日生まれ……「人のためになること」を目指しても、損得勘定をしなければならないこともあります。単なるお人好しに終わらないために、あえて犠牲にするべきこと、してはならない箇所をしっかり把握しておきましょう。

27日生まれ……より崇高な精神を身につけることで、才能が発揮されやすくなります。特定の誰かのためではなく、「世のため人のため」というスタンスを貫くことで、より多くの人を救い、癒すことができるでしょう。

Birthday Number
11

「感じ取る力」が
人生の助けや強みとなる

　バースデー・ナンバー「11」の強みは、「直感力」です。

　科学的な証明や、明らかに見てわかる根拠はなくても、なんとなくそう感じる、ピンとくるという感覚に従うことが、「11」が生まれつき備えている強みとなります。

　なぜなら、説明はうまくできないけれど、本音が訴えかけてくることこそ、「11」にとって現実よりもリアルだからです。「常識を考えるとこうしたほうがいいだろうな」と思うことでも、「こっちのほうがいい気がする」という本音の感覚に、嘘をつくことができません。素直に直感を選択できる、そこが武器だといえるでしょう。

◇ 日にち別アドバイス ◇

11日生まれ……事前の調査やこれまでの実績などを侮ってよいわけではありませんが、それらを超える直感が強みとなります。たとえ、根拠のないひらめきだったとしても、自身が困ったときや人生の岐路に立たされたときは、その声に従うことで道が開けるでしょう。

29日生まれ……みんなの望みを尊重しつつ、上手にミックスさせて、よい方向性に導くことができる力を持っています。つまりタイミングよく、「こういう方法があったか」という妙案を思いつくのです。その勘のよさを生かして、才能をどんどん開花させていきましょう。

Birthday Number
22

「意志の強さ」が
人生の助けや強みとなる

バースデー・ナンバー「22」の強みは、「意志力」です。

今やるべきことを自覚し、さまざまな誘惑を退けて鍛錬を重ねることのできる精神力が、「22」の強みとなります。

また、スピリチュアルな力を味方につけながらも、現実をしっかりと直視し、着実に努力していくことが、「22」の大きな武器といえるでしょう。高い理想を掲げ、どこまでもパワフルに、物事を達成していく、そんな強みがあります。

◁ 日にち別アドバイス ▷

22日生まれ……理想を形にしていけることが、大きな武器です。もし、スピリチュアルな感覚をすでに自覚し、行動に取り入れているならば、理想が現実になる日も遠くないはず。

まだ、スピリチュアルな感覚をあまり感じないようであれば、身近な人の発言に注目してみましょう。なぜなら、近しい人が頻繁に勧めることや、偶然にも同じような発言をいろいろなところから耳にする場合は、そこに天啓としてのメッセージが隠れている可能性もあるからです。素直に意見を取り入れてみれば、それが突破口となり、物事が一気に進み出すかもしれません。

コア・ナンバー⑥
マチュリティー・ナンバー

才能や使命を発揮した後のステージ
人生の後半になって重要となる数字

　マチュリティー・ナンバーは、直訳すると「成熟の数」。人が成熟する人生後半において、重要な意味を持ってくる数字です。

　ただし、ここでいう「成熟」は、具体的な年齢を指すわけではありません。35歳くらいから関わり出し、40代で数字の意味を実感できる、あるいは50歳頃に深く関わる数字……など諸説ありますが、人によってマチュリティー・ナンバーを実感できる年齢は違ってきます。35歳より早い人もいるでしょうし、50歳を過ぎても、70代になってもいつまでたっても実感できないと感じる人もいるでしょう。

　いずれにしても、ライフ・パス・ナンバーとディスティニー・ナンバーの2つの数字の意味と役割をしっかりと受け止め、十分に理解し、消化したあとでなければ現れるのが難しい数字です。まずはこの2つのナンバーを十分理解すること、そしてその使命を果たすことに集中しましょう。「十分にその使命を理解し、果たしもした」といえるようなら、マチュリティー・ナンバーの数字が人生に見えてくるはずです。

　マチュリティー・ナンバーは人生のギフトともいえる数字。役割を十分果たした人生の成熟期に、どんなことが待ち受けているのか、最終的に何を実現していくのかを教えてくれるでしょう。

マチュリティー・ナンバーの求め方

「ライフ・パス・ナンバー」と「ディスティニー・ナンバー」をもとに算出します。2つの数字を求めたら、それらを加算します。足して2桁になった場合は、さらに1桁に分解します。ただし、11、22、33の数になった場合は、1桁に還元せずにそのままマチュリティー・ナンバーとします。

例）ライフ・パス・ナンバー「2」、

　　ディスティニー・ナンバー「9」の人の場合

①それぞれの数字を1桁に分解します。

2、9

②1桁になるまで加算します。

2＋9＝11

→マチュリティー・ナンバー11

＜マチュリティー・ナンバーをベストな形で受け取るには＞

　ライフ・パス・ナンバーとディスティニー・ナンバーを十分に活用することが、なんといっても大切です。マチュリティー・ナンバーにピンとくるまでは、この2つのナンバーをしっかり意識していきましょう。

　一方、人によっては、生き方を変えざるをえない出来事が起こるなど、マチュリティー・ナンバーのほうから「ステージを変えていきましょう」と促してくることもあるようです。例えば、心機一転新しい事業を立ち上げることになったり、海外に移住するなど、人生が大きく変わるような出来事があったタイミングで、自然とマチュリティー・ナンバーのステージに入る可能性もあります。

Maturity Number
1

　マチュリティー・ナンバー「1」を持つ場合、人生後半では、自ら先頭を切って、新たな道を開拓していくでしょう。

　道を進んでいけば、どんな結果であれ、たどり着く場所があります。もし、思うような結果にたどり着けなかったとしても、また新しい別の道を探し出し、歩み続けることになるでしょう。最初は一人きりで始めたことも、振り返るといつしか多くの人たちがついてくるようになり、そこがこの先ずっと利用される道につながる可能性もあります。

◁ 後半の人生を輝かせるヒント ▷

　マチュリティー・ナンバーが「1」ということは、ライフ・パス・ナンバーとディスティニー・ナンバーの合計が10になる組み合わせです。この組み合わせに保守的傾向の強い「4」や「6」が含まれている場合、自分が切り開いた道を守ることに専念してしまい、新たな道をなかなか開拓できないこともあるでしょう。

　ですが、意識的に前を向き、新しいことへチャレンジする統率者となることが、自分の人生に輝かしい価値を生み出すことだと理解し、人生のワークを達成していくことが大切です。

成熟期に成し遂げること
・リーダーとして人々を統率すること
・新しい道を常に切り開くこと

Maturity Number
2

　マチュリティー・ナンバー「2」を持つ場合、人生後半では、周囲に「和」をもたらす存在になっていくでしょう。

　それは、トラブルを仲裁したり、縁の下の力持ちになったり、といったわかりやすい調整役になることばかりではありません。相反するように見える物事や人間関係において、「2」が入ることにより、一つに融合したり、相乗効果が得られたり、期待以上のミラクルを起こす可能性もありうるのです。

　また、意識的に和をもたらそう、といった感覚はほとんどなくても、自身の使命を果たしてきた結果、人々に和を提供している、といったことも起こりえます。なりふり構わず突っ走ってきただけなのに、周囲に平和をもたらしていたり、コツコツと研究を積み重ねたその功績が、人々を幸せにしていた、といった「和」の形もあるのです。

◇ **後半の人生を輝かせるヒント** ◇

　自分の資質を開花させ、社会的役割を全うしていくことが、最終的に平和を促す活動へとつながり、「2」の活躍の場をますます広げていくでしょう。

成熟期に成し遂げること
・和を大切にして、平和な社会を作ること
・人々をサポートすること

Maturity Number
3

マチュリティー・ナンバー「3」を持つ場合、人生後半では、人々に生きる楽しみや喜びをもたらす存在になっていくでしょう。

「3」自身が経験する体験や、創り出す作品などを通じて、豊かな発想力やクリエイティブ力を発信していくことになります。そしてそれが、勇気や気づきを与えるメッセージとなり、人々を魅了していくことになるでしょう。

◇ 後半の人生を輝かせるヒント ◇

もし、ライフ・パス・ナンバーやディスティニー・ナンバーにまじめで慎重な数字である「4」が入っている場合、自分には人を楽しませたり喜ばせたりするような力はない、と感じてしまうかもしれません。しかし、「一度しかない人生ならば、楽しく過ごしたい！」という思いは、きっと自分の内のどこかにあるはず。まずは、自分に「楽しむこと」を許可しましょう。気軽に、ときには遊び心を取り入れて、自分が楽しむことを経験していけば、人生がどんどん明るくなっていきます。そして、「人生は本当に楽しい！」と実感できるようになれば、その喜びを心の底から人々に伝えていけるようになるでしょう。

成熟期に成し遂げること
・クリエイティブな力を発揮すること
・人生に楽しみや喜びをもたらすこと

Maturity Number
4

　マチュリティー・ナンバー「4」を持つ場合、人生後半では、仕組み
を作っていく存在になっているでしょう。

　仕組みがないことでつまずかないように、試行錯誤しながらシステム
を提案したり、新しい手法を生み出したり、一からマニュアルを作ると
いったことに「4」は奔走するはず。結果、それが常識やルールとなり、
どんどん引き継がれていくことになるのです。

◇ 後半の人生を輝かせるヒント ◇

　もし、ライフ・パス・ナンバーやディスティニー・ナンバーに精神性
の高い「9」や「11」がある場合、自身の理想を現実に落とし込むのは
難しいかもしれません。「こうしたらいい」という案は浮かんでも、そ
の直感の根拠を周囲にうまく説明できない可能性があるからです。とは
いえ、その直感が現状打破のきっかけになったことも数え切れないはず。
その経験を自信に変えることで、自分が主体となってシステム作りがで
きるよう成長していくのです。自身が加わることで、そこに新たな秩序
が生まれ、プロジェクトがますます安定していく、そんな実状を実感す
ることができるようになるでしょう。

　成熟期に成し遂げること
・秩序や安定を生み出すこと
・仕組みを作ること

Maturity Number
5

　マチュリティー・ナンバー「5」を持つ場合、人生後半では、制限や限界を超えて、新たな価値観を自ら作っていくことになるでしょう。

　チャレンジし続けることによって、これまでの常識を塗り替えていくことだって可能です。きっと周囲は「5」の自由な発想や行動力を、羨望のまなざしを持って見つめるでしょう。

◇ 後半の人生を輝かせるヒント ◇

　ライフ・パス・ナンバーやディスティニー・ナンバーに保守的で安定感を好む数字である「2」や「4」などがあると、「自分の能力はこれくらいだから」と勝手に限界を決めたり、「前例がない」ということを言い訳にして、変化をあきらめたりするかもしれません。

　しかし、チャレンジの仕方も千差万別。一歩一歩が小さくても、コツコツと歩むことさえ止めなければ、限界を自ずと超えていくこともできるのです。

　チャレンジの先にある自由や可能性の価値に、本当の意味で気づいたとき、「5」は、のびのびと自身の人生を謳歌することができるでしょう。誰もが成し遂げたことのない偉業さえ、達成できるかもしれません。

成熟期に成し遂げること

・限界を超えること

・常識を塗り替えること

Maturity Number
6

　マチュリティー・ナンバー「6」を持つ場合、人生後半では、人の心を癒し、環境を心地よいものにする存在になっていくでしょう。

　これは、意図して行うわけではなく、ただ目の前の愛する人のために、また自分の属する社会のために、当たり前に行動していることが、結果そうなっていくということです。根底にある愛は、「6」が意識していなくても、人を助け、導くことにつながります。その教えや行動が、人の心を救い、育てることにもつながるのです。

《 後半の人生を輝かせるヒント 》

　もしライフ・パス・ナンバーやディスティニー・ナンバーに、自我の強い「1」や「8」などがある場合は、かいがいしく人のために行動することを、媚びているように感じるかもしれません。「そんなことのためにやっているわけじゃない」というプライドが顔を出すことも。確かにそれは誇らしいことですが、人生の後半では、「人の役に立つ喜び」も自身のプライドにプラスしていきましょう。なぜなら、愛する人の背後にいる大勢の人たちをも幸せにできる、その価値が「6」にはあるのですから。

成熟期に成し遂げること

・人の役に立つこと

・人を癒し、育てること

Maturity Number
7

　マチュリティー・ナンバー「7」を持つ場合、人生後半では、隠れていた真実を解き明かす存在になっていくでしょう。

　今まで常識だと思われていたことや、滞りなく続いてきたことが、もしかしたら「7」の発見により、根底から覆されるかもしれません。

◁ 後半の人生を輝かせるヒント ▷

　ライフ・パス・ナンバーやディスティニー・ナンバーに現実的な数字「4」などがある場合は、今表面化されていることに注目する傾向があります。そのため、隠れた真実などには興味を惹かれないかもしれません。しかし、今、目に見えることを受け入れ、消化していく先に、思いがけない真実にたどり着く……そういう可能性もあるのです。

　現代はネット環境が整っているため、個人でも簡単に自分の意見を世界に発信できる時代といえます。そのことからも、たとえ「まさか、そんなことが…」と思われるような発言をしても、さほど違和感を持たれない風潮があるでしょう。むしろ常識が日々塗り替えられている時代ですから、静かに、そして堂々と、自分の信念を発信していく、それが「7」の成し遂げていくべきことだといえそうです。

成熟期に成し遂げること

・真実を見つけ出すこと

・自分の信念を貫くこと

Maturity Number
8

　マチュリティー・ナンバー「8」を持つ場合、人生後半では、社会を動かすような大きな力を手に入れていくでしょう。

　本来、簡単には動かすことができない政治や法律、日本社会をリードするような会社の権力者に、大きな影響を及ぼす存在になるかもしれません。それは、若いうちに十分な努力をして、一定の成果や業績を挙げたご褒美のようなもの。

◁ 後半の人生を輝かせるヒント ▷

　もしライフ・パス・ナンバーやディスティニー・ナンバーのどちらかに「3」や「5」などの楽観性の強い数字がある場合、権力や名声など社会的な力にはあまり興味がなく、出世すら望まないかもしれません。しかし、意図しなくても、たまたまやりたいことをしていたら、人と一線を画す評価をされたり、社会的貢献につながる事業を成し遂げていた、なんてことがありそうです。

　権力は間違った使い方をしなければ、本来、恐れや不安を抱く必要がないもの。人々をより豊かな生活に導くため、マチュリティー・ナンバー「8」の力を有益に使い、ぜひ人生を謳歌していきましょう。

　成熟期に成し遂げること

・権威や権力を手に入れること

・社会に影響力を及ぼすこと

Maturity Number
9

マチュリティー・ナンバー「9」を持つ場合、人生後半では、柔軟な姿勢でさまざまな人を受け入れられるようになり、幸せな成功者となっていくでしょう。

もちろん成功者といっても、その解釈はさまざまです。仕事が成功して裕福になることを成功者の証と思う人もいれば、好きなことをしてのんびりと暮らしていることを成功と捉える人もいるはず。

◇ 後半の人生を輝かせるヒント ◇

特に現実的な視点を大事にするタイプ、例えば「4」や「8」がライフ・パス・ナンバーやディズティニー・ナンバーにある場合は、物質的な面を重視しがちで、お金がないと満足できないところがあります。自分にも他人にも厳しい面がありますから、他者を簡単に許容することも難しいといえるでしょう。ただし、お金や権力など外側の成功を手に入れた後は、本当に心が満たされることは何か？ということに意識が向くはず。人を受け入れることで、初めて自身も受け入れられていくのだ、ということにも気づけるようになっていきます。

心身共に満たされ豊かになることが、真の成功だと実感するでしょう。

成熟期に成し遂げること

・他者を受け入れ、理解すること

・充足感を得、精神的に満たされること

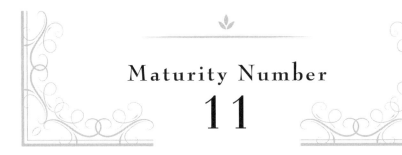

Maturity Number
11

マチュリティー・ナンバー「11」を持つ場合、人生後半では、天啓を得るようになり、そこから普遍的なものを生み出していくでしょう。

「普遍的なもの」とは、たとえ時代を超えても一定の評価を得るもの。ですから、「11」の直感から創り出されていったものは、そう簡単に廃れることはなく、むしろ長く愛されることになり、脈々と受け継がれていくものになるはずです。

◇ 後半の人生を輝かせるヒント ◇

例えば、芸術もその一つ。インスピレーションがわき出るような素晴らしいアート作品ができたり、人々の心に残るような美しいハーモニーが完成したり。生み出された作品が、ときには国境を越えるような力を宿すこともあるでしょう。

そこまでわかりやすくなかったとしても、「11」の創造したことは、多くの人の日常に溶け込むことになります。たとえ、大勢の目を引くほどの華やかさはなくとも、その永続性は人々の心を豊かにするでしょう。創造されたものの「確かなる価値」を自身が認め、受け入れることができたとき、「11」の人生は輝きに満たされていくはずです。

成熟期に成し遂げること
・天啓をキャッチし、創造すること
・普遍的なものを生み出すこと

Maturity Number
22

　マチュリティー・ナンバー「22」を持つ場合、人生後半では、地球規模の壮大なプロジェクトに参加することになるでしょう。

　マチュリティー・ナンバー「22」は、ライフ・パス・ナンバーとディズティニー・ナンバーのどちらも「11」である場合にしか表れません。そのためすべてがマスター・ナンバーとなり、スケールがとても大きい活動へと自然に導かれていくのです。

後半の人生を輝かせるヒント

　もしかすると、自分にはそんなパワーはないと思う人がいるかもしれません。「きっと自身にもやるべきことがあるはずだ」と、何かしらの使命を感じつつも、漠然としたまま、もやもやする気持ちを抱えて生きている人もいるでしょう。

　とはいえ、変に心配する必要はまったくなく、自身の才能や感性、信じる道を突き進めば、成すべきことにたどり着きます。視野に入れる範囲を、身近なところから地域へ、地域から日本へ、日本から世界へ、世界から地球へと少しずつ広げればよいだけ。自分のやるべきことをシンプルにこなしていけば、そこには大きな功績がついてくるでしょう。

成熟期に成し遂げること

・壮大なプロジェクトに参加すること

・豊かさを世の中に還元すること

Maturity Number
33

　マチュリティー・ナンバー「33」を持つ場合、人生後半では、世のため人のために、無償の愛を注ぎ込んでいくでしょう。

　その愛のメッセージは、家族や友達などの身近な人にはもちろん、今まで会ったこともないような遠い国の人たちにまで、同じように注がれます。ボランティア活動や宗教活動などに突然目覚め、人生を捧げる「33」もいるでしょう。

　マチュリティー・ナンバー「33」は、ライフ・パス・ナンバーとディズティニー・ナンバーの組み合わせが「11」と「22」である場合にしか表れない数字で、すべてがマスター・ナンバーで構成されています。そのため、スピリチュアル性が強く、特別な世界へと導かれていくことになるのです。

《 後半の人生を輝かせるヒント 》

　「33」には、「今さらこんなことを始めても無理だろう」と思われることを、突然ひっくり返してミラクルを起こしたり、常識や限界を超えていく強さがあります。たとえ世間が反対しても、あきれても、自分が「これだ」と確信できるものならば、堂々と貫いていきましょう。

成熟期に成し遂げること

・無償の愛を伝えること

・不可能を可能にすること

第4章

パーソナル・チャートを
読み解く

6種類のナンバーには、どんな資質や才能を持って、
どんな使命を果たすべく生まれてきたのか、
またどうすればうまくいくのかといった、
自分自身や運命についての手がかりが秘められています。
ここでは読み解き方について、リーディング例を参考に学びましょう。

読み解き方のヒント

さまざまなアプローチ法で
数字を多角的に読む

　数秘術に必要な6つのコア・ナンバーズを算出したら、リーディングを始めましょう。

　まずは、巻末316ページにある作成表を使ってパーソナル・チャートを作ります。数字を出したら、どのような点に気をつけてリーディングしていくかを紹介していきます。

全体の数字をみる

　数字にはそれぞれ特徴がありますから、全体のイメージをつかむことが大切です。

　6つの数字がそれぞれ異なる場合は、まずはリーディングの核となる「ライフ・パス・ナンバー」の特徴をよく把握し、次にそれぞれのコア・ナンバーズが示唆する内容を読み解きます。

　数字同士の関係をレーダーチャート（28～39ページ）や相性表（41ページ）で確認し、同調しやすい数字、矛盾している数字などを整理してみてもよいでしょう。同調しやすい数字が多い場合は、自分のやりたいこととやるべきことが一致しやすく、自分の中に葛藤や矛盾を抱えにくいためスムーズに生きやすい傾向があります。

もし価値観や感性の異なる数字が複数入っていた場合は、矛盾を抱えやすく、複雑な心境になることが多いかもしれません。
　また、数字がすべて違うということは、さまざまな特徴が折り重なっているといえ、多面性がある人、と理解することもできます。

＜パーソナル・チャート例＞
ライフ・パス・ナンバー　9
ディスティニー・ナンバー　8
ソウル・ナンバー　22
パーソナリティ・ナンバー　8
バースデー・ナンバー　11
マチュリティー・ナンバー　8

　上記は、6つのコア・ナンバーズのうち、同じ数字が3つあるケースです。メインであるライフ・パス・ナンバーは「9」ですので「9」はもちろんですが、「8」も3つあるため、「8」の数字の傾向が強く出ている可能性が高い、と読み解きます。
　「9」の特性から、「共感力があり寛大」な面がありつつ、「8」の特性から、「パワフルで実行力があるタイプ」と捉えることができます。
　「行動の軸となるもの」（44ページ参照）から、「9」は「精神性」や「愛」を軸に行動するタイプでありながら、「8」は「現実性」を重視して行動する人だ、ということがわかります。
　さらに、「9」と「8」は相性表では■となり、違う価値観を持った数字同士であり、自己矛盾を抱えやすい、ということを導き出せます。

読み解き方のポイント…コア・ナンバーズに同じ数字が複数ある場合、その数字の傾向が強く現れている可能性が高い（ただし、マチュリティー・ナンバー以外の数字が2つ以上ある場合）

ライフ・パス・ナンバーを読み解く

　鑑定力を磨くには、メインの数字となるライフ・パス・ナンバーの意味を把握することから始めましょう。第2章（48ページ～）を読み、特性をつかみます。まずは自分自身や身近な人をリーディングすると、「合っている、とてもわかる」という場合と、「合っていない、このような性格とは違う」ということがわかりやすいでしょう。

　前者であれば、その性質をさらに伸ばすように役立てればよいのですが、もし後者のように感じたならば、本質がよくわかっていないために、よい部分を生かしきれていない、ということも考えられます。

　数字の持つ特性から、その性質を知ると、「こんな風にすれば才能が開花するかも」と新たな発見をしたり、真の自分と向き合うきっかけになるかもしれません。

読み解き方のポイント…まずは自分や近しい人をリーディングしてみる

＜ライフ・パス・ナンバーで適材適所を判断＞

　ライフ・パス・ナンバーが「3」（楽観性が強い）と「4」（まじめな要素が強い）の人が同じ部署にいたとします。その日は、就業後、部署内の親睦会が予定されていますが、仕事が終わらずに終業時刻を迎えました。

　「3」は「仕事は切り上げて、飲み会に行きましょう！」と、気持ちを切り替えやすいのに対し、「4」は「あと少しだから仕上げたい」と続けようとする可能性があります。無理に連れていったとしても、「4」は仕事が気になってその場を心から楽しむことはできないかもしれません。

　すべての人に当てはまるわけではありませんが、ノルマのあるような仕事がプレッシャーになる人、ならない人はライフ・パス・ナンバーで性質上察しをつけることができる、という一例です。

ライフ・パス・ナンバー ＋ ディスティニー・ナンバー を読み解く

　その人の才能や気質を表すライフ・パス・ナンバーと、使命や役割を表すディスティニー・ナンバーを併せてみることで、仕事に対してどのようにアプローチしていくのがよいか、がわかります。

　例えば、どちらも「1」の場合、リーダーシップ気質があり、リーダーの役割を担う使命であることを意味しますので、まさにそのようなポジションにつくべき人で、統率力を発揮しやすい人、とわかります。

　しかし、ライフ・パス・ナンバーが「1」で、ディスティニー・ナンバーが「2」の場合、リーダーシップをとる才能があるのにもかかわらず、持って生まれた使命は補佐的な役回りのため、その使命が納得できるまで、不完全燃焼のような毎日を過ごすことになるかもしれません。

　とはいえ、補佐的な役割の中でも、率先して環境を整えたり、積極的にアイデアを出すなど、行動することで、評価され、自分の居場所をよりよく作る可能性を見出しましょう。

読み解き方のポイント…ライフ・パス・ナンバーとディスティニー・ナンバーの相性（相性表で確認）から、仕事しやすい環境かどうかを探る

＜得意なことや資質が職業につながると才能が開花しやすい＞

　ライフ・パス・ナンバーとディスティニー・ナンバーが同じ、もしくは矛盾の少ない数字同士の場合、資質とやりがいが重なり才能が開花しやすくなる傾向があります。例えば、元メジャーリーガーのイチロー選手は2つの数字がどちらも「7」、松井秀喜選手は「3」、作家の東野圭吾氏は「11」。スムーズに才能を生かし、成功した例だといえるでしょう。

バースデー・ナンバーの活用法

　それぞれの数字には特徴があり、長所になる部分があれば、行きすぎて短所になる部分も存在します。

　例えば、ライフ・パス・ナンバー「6」の愛情豊かで世話好きという長所は、行きすぎればおせっかいになってしまう、といった具合です。

　もし、バースデー・ナンバーが、ライフ・パス・ナンバーのネガティブな面を打ち消すようなものであれば、その人の武器や強みとして使わない手はありません。先ほどのライフ・パス・ナンバー「6」の人に、例えば、バースデー・ナンバーに寛大で共感力の高い「9」のような数字があれば、それを意識することで、相手の気持ちに寄り添いながらケアすることができる、といった感じです。

　バースデー・ナンバーは生れながらに持っている強みを示す数字。このナンバーを意識することで、ネガティブな部分は出にくくなり、弱点の克服につながりやすいといえるでしょう。

読み解き方のポイント…バースデー・ナンバーは、ライフ・パス・ナンバーのネガティブな側面を打ち消す武器となる

パーソナル・イヤー＆マンス＆デー・ナンバーと
コアナンバーズとの相性を読み解く

　運気の波を知るパーソナル・イヤー＆マンス＆デー・ナンバー（210ページ～）ですが、どんな年回りであるかがわかったとしても、人によってはうまく乗れる人、乗りづらい人が出てきます。

　例えば、自分のライフ・パス・ナンバーやほかのコア・ナンバーズと運気を表す数字が同調しやすい場合（ライフ・パス・ナンバーが「1」で、パーソナル・イヤー・ナンバーが「1」など）は、より運気に乗りやす

く、効果を上げやすい、といえます。自分の得意とする分野の年回りがきたときは、存分に能力を発揮しましょう。

　反対に、運気に乗りづらいと感じる年もあります。例えば、ライフ・パス・ナンバーやほかのコア・ナンバーに、4・8・22といった現実的で安定を大事にするナンバーが多く持つ人が、「3」の年を迎えるとしましょう。「3」の年は、肩の力を抜き、楽しいことを積極的に取り入れていくとよいのですが、先ほどの数字はそもそも楽観的に楽しむことが得意でない、ということがあります。このように、自分のコア・ナンバーズと運気を表す数字が同調しにくい場合は、うまく波に乗れないと感じてしまう可能性があるのです。

　ただこれも、苦手分野を克服するチャンスと捉えると、成長できる期間にもなります。数字のエネルギーを意識して、ぜひ味方に変えていきましょう。

読み解き方のポイント…自分のコア・ナンバーズとの兼ね合いで、得意な分野の年回りなら、大いに飛躍するチャンスだと捉える

＜好きな数字、ラッキーナンバーについて＞

　好きな数字がある場合、その数字のエネルギーと自身が同調しているため、数字のポジティブワードがその人を輝かせている可能性があります。ラッキー・ナンバーがある場合、その数字が自分にとって嬉しいことを引き寄せると認識しているので、たとえ自身のコア・ナンバーズになくても、「開運数字」といえるでしょう。または、ラッキー・ナンバーの数字が持つ長所を引き寄せたいと感じている可能性も。

　苦手な数字がある場合は、その数字のネガティブワードが、認めたくない弱点や向き合うのが難しい課題、不足しているところになっている可能性があります。

リーディング力を磨くヒント

数字の特徴をつかんでイメージをふくらます

　数秘術をよりよく読み解けるようになるには、それぞれの数字が持つイメージを理解しておくことが大切です。

　すでに述べたように、数字のキーワード（28ページ〜参照）を頭にいくつか入れておくことも大切ですが、さらにイメージを深めるため、下記のように、ある一つの行動を通して、それぞれの数字がどんな行動をとる傾向にあるのか紹介します。

　数字のイメージをつかむため、ぜひ参考にしてみてください。

「目の前に扉があったとき、あなたならどのように行動しますか？」

ライフ・パス・ナンバーが１の人

　積極的に扉を開けます。たくさん人がいても、先頭をきって扉を開ける役割を買って出るでしょう。扉を勢いよく外向きに開くタイプです。

ライフ・パス・ナンバーが２の人

　もし一人なら扉は開けずに開くのを待つでしょう。周囲に人がいるなら、一緒に扉を開けるか、ほかの人が開けたあとについて外に出ます。

ライフ・パス・ナンバーが３の人

　扉を開けて楽しいことが待っていると思ったらすぐに開けますが、ほ

かに楽しいことがあれば、扉の存在に気づかないことも。

ライフ・パス・ナンバーが4の人

慎重に、扉を開けても大丈夫かを確認します。そして、もし開くときはノックをしてから、反応を伺うタイプでしょう。

ライフ・パス・ナンバーが5の人

扉があっても、もし窓があれば、そこから出てみようとするでしょう。「出入りは扉から」といった一般的な概念を超えて行動します。

ライフ・パス・ナンバーが6の人

勝手に扉を開けたりはしません。もし開けるなら多数決を取るでしょう。また、「愛する人のため」なら、責任を持って扉を開けます。

ライフ・パス・ナンバーが7の人

急に誰かが入ってこないように鍵をかけるタイプ。周囲の状況を慎重に観察し、ほかに扉はないか、秘密の扉などはないか、確認します。

ライフ・パス・ナンバーが8の人

簡単に開きそうな扉ではなく、鍵がいくつもついているような手間がかかる扉を選ぶタイプ。困難なほうをあえて選んで開けるでしょう。

ライフ・パス・ナンバーが9の人

扉は内側に開くタイプで、基本的に誰でも受け入れます。扉をあえて閉めないので、一人で勝手に出ていくことがあるかもしれません。

ライフ・パス・ナンバーが11の人

直感的に「今だ！」と思うときに開けるでしょう。また、タイミングがくれば、勝手に扉が開くだろうとわかっているタイプです。

ライフ・パス・ナンバーが22の人

自分で扉を開けるべく、鍵を探したり、状況を確認したりするでしょう。直感的に「私が扉を開けるべき」ということをわかっています。

ライフ・パス・ナンバーが33の人

扉があるなしにこだわらず、「出たいときに、どこからか出ればいい」と思うタイプ。出るべきタイミングで扉が現れると思っているかも。

パーソナル・チャート
リーディング I

似ている価値感を持つ数字の組み合わせ例

Personal Chart
（Aさん）

ライフ・パス・ナンバー	5
ディスティニー・ナンバー	3
ソウル・ナンバー	3
パーソナリティー・ナンバー	1
バースデー・ナンバー	5
マチュリティー・ナンバー	8

◉ 全体をみる

　Aさんのナンバーには「5」と「3」が2つずつあります。ライフ・パス・ナンバーも含むこの2つの数字は、Aさんにとって影響が大きい数字ですから、チャートを読み解く際にぜひ注目しましょう。

　ライフ・パス・ナンバーの理解を深めることが最初のステップですが、影響の大きな2つの数字の関係性を見ていくことも、リーディングに役立ちます。「5」と「3」の関係性を相性表で確認してみましょう。

◉ 性質や個性をみる

　Aさんのライフ・パス・ナンバーは「5」です。

ライフ・パス・ナンバーは、6つの数字の中で核となる数字ですから、「5」の要素である、自由を謳歌しているときこそ、Aさんは生き生きと輝ける人だといえるでしょう。「5」の人は、同じことを淡々と繰り返すことや、安定を第一に考えることが基本的に苦手です。刺激的で変化のある環境に自ら飛び込み、人生を冒険のように楽しむところがあります。周りに「危なっかしい」と思われても、あまり気にしないはず。自分の好奇心が求めることならば、自由に羽ばたける人でしょう。

◉ 仕事や役割について

　Aさんの、この世における使命、社会的な役割を表すディスティニー・ナンバーは「3」です。たくさんの人に喜びや笑顔を届けることが使命となります。まず、自分が楽しむこと、その楽しさを発信することが「3」に与えられた役割だといえるでしょう。思いがけない災害や困難な状況に遭ったとしても、人生は素晴らしいし、人を元気にすることが自分の使命だと理解していれば、自分自身を奮い立たせられるはずです。

　ディスティニー・ナンバーの「3」とライフ・パス・ナンバーの「5」を相性表で確認すると、「似ている価値観を持っている数字同士」ということがわかります。価値観の近い数字同士は、才能をスムーズに発揮しやすく、生きる上での葛藤を抱えにくいといえるでしょう。

　好奇心の赴くままに好きなことを選択し、楽しいと思うことを率先して発信していけば、Aさんの人生は大きな魅力となって、たくさんの人の心を動かすはずです。人を笑わせることが好きで、コメディアンになるのが夢ならば、それは天職かもしれません。「そんな笑わせ方があるのか！」と、周りの人がびっくりするようなやり方で、お笑い界に旋風を巻き起こすことだって可能でしょう。

　ただ、地道な努力が得意でないので、下積みが長いと飽きてしまうという難点も……。才能が開花する前に興味の矛先が変わってしまうこと

もありそうです。性質の近い数字の場合、自身の葛藤が少ない分、苦労や試練に耐える力が弱い可能性も否定できません。

◉ 心の声について

Aさんのソウル・ナンバー「3」は、「楽しいと思うこと」「喜びを感じること」で魂が輝きます。少々大変なことがあっても、「なんとかなる」と楽観的に考えられる心の強さがあります。ディスティニー・ナンバーも同じ「3」で、自分が果たすべき役割と本心が同調していますから、自信を持って自分の使命を果たしていけるでしょう。

ライフ・パス・ナンバーの「5」も、「3」と似ている価値観を持つ数字です。ライフ・パス・ナンバーとソウル・ナンバーの相性がよい場合は、自分自身を把握しやすく、思うままに生きやすいという特徴があります。「悩んでも仕方ない、なんとかなるでしょう」「楽しいことはほかにもあるさ」と早い段階で割り切ることもできるはず。Aさんは、自分のよさをスムーズに発揮できるタイプだといえるでしょう。

◉ 対人関係について

Aさんのパーソナリティー・ナンバーは「1」です。いつも新しいことにチャレンジしている、前向きで行動力がある、そんなイメージを持たれているでしょう。ライフ・パス・ナンバーの「5」と「1」は積極性があり、冒険心も強い数字ですから、Aさんが持っている要素と周囲からの印象にそれほど違いはありません。自身としては「仕切るのはそこまで好きでないけれど」と思うくらいでしょう。「1」はリーダーとして頼られることが多いため、自由に行動したいAさんは、「面倒だな」と思うことがあるかもしれません。価値観の近い数字同士の場合は、本人と周りが抱くイメージの間に、ギャップが少ないといえるでしょう。

強みの生かし方

　バースデー・ナンバーは、ライフ・パス・ナンバーと同じ「5」ですから、持っている性質と強みは同じです。これは、かなり大きな武器といえるでしょう。「5」の強みは「冒険心」です。大胆に生きることが武器でもあり性質でもあるわけですから、Aさんに「恐いものはない」といっても過言ではないほど。Aさんに常識は通用しません。どんなことも恐れずに、思い切った挑戦ができるでしょう。

人生の後半に意識したい到達点

　Aさんのマチュリティー・ナンバーは、ライフ・パス・ナンバー「5」とディスティニー・ナンバー「3」を足した数、「8」になります。

　マチュリティー・ナンバーが「8」だと、成熟期には社会を動かすような大きな力を手にする可能性があります。Aさんの言動が多くの人に影響を及ぼし、より注目を浴びるようになるでしょう。ただ、ライフ・パス・ナンバーが「5」、ディスティニー・ナンバーが「3」であることから、権力にはそれほど魅力を感じないはず。やりたいことを続けていたら飛び抜けたポジションを得ることになったり、予想に反して社会貢献につながる影響力を持ったり……という形で現れるかもしれません。

　とはいえ、現実性を重要視する「8」という数字は、Aさんのほかの数字に比べてかなり異質なナンバーです。「5」や「3」の要素でいるほうが楽しいため、次のステージである「8」を意識することが、なかなかできない可能性もあります。意識できたとしても、自分には荷が重いと感じてしまうことも。Aさんは、人生の後半になって、もしかしたら苦労するタイプかもしれません。ただ、ここでする苦労は、より豊かな生活へと導くためのステップだといえます。本当の苦労がわかってこそ、人生の後半、実りの大きい達成感を味わうことができるでしょう。

パーソナル・チャート
リーディングⅡ

異なる価値感を持つ数字の組み合わせ例①

Personal Chart
（Bさん）

ライフ・パス・ナンバー	4
ディスティニー・ナンバー	5
ソウル・ナンバー	2
パーソナリティー・ナンバー	4
バースデー・ナンバー	7
マチュリティー・ナンバー	9

◉ 全体をみる

　Bさんのナンバー全体を眺めてみると、「現実性」に重きを置く数字「4」が2つあるのが特徴です。「4」の傾向が強い可能性がありますので、チャートを読み解く際に頭に入れておきましょう。まずは、リーディングの核となるライフ・パス・ナンバーの「4」の理解を深めた上で「4」とほかのコア・ナンバーの数字との関係性をみていきます。

◉ 性質や個性をみる

　Bさんの基本となるライフ・パス・ナンバーは「4」です。
　「4」の要素である「地道に物事をコツコツと積み上げていくこと」は、

Bさんにとって、生涯に渡るベースのようなものだといえるでしょう。例えば、前にある階段を、決して二段飛ばしにするようなタイプではなく、また近くにあるエスカレーターやエレベーターを利用するタイプでもなく、一段一段をしっかりと踏みしめて、階段を上っていくようなまじめさがあります。そしてその自分が踏んだ足跡を確認するような、慎重さも持ち合わせている人です。

とはいえ、エスカレーターやエレベーターに乗ることを否定しているわけでは、もちろんありません。ただ「4」の人は、スピーディに、なおかつ自分の踏みしめた跡が残らない形で、物事が先に進むのが怖いと感じるタイプだといえるでしょう。安定や具体性を大事にする「4」ですから、不安定さを感じることはなるべく避けたいのが本音です。

◉ 仕事や役割について

Bさんのディスティニー・ナンバーは「5」です。何にも縛られずやりたいことをやる、冒険心を持って取り組むことが使命です。人によっては「ハラハラする」と受け止められて、「5」の冒険心を否定されることもありますが、多くの人の憧れとなる自由なチャレンジがBさんの使命であり、Bさん自身も満たされる生き方につながります。

ライフ・パス・ナンバー「4」の性質とディスティニー・ナンバー「5」の性質をみると、大きな矛盾が生じているのがわかるでしょう。

このライフ・パス・ナンバーとディスティニー・ナンバーにおいて大きく違いが生じる場合は、自分の進むべき方向性や、やりたいこととやるべきことにおいて、「葛藤を抱えやすい人」と理解する必要があります。Bさんは異なる二面性を持ち、やや複雑な人だともいえるでしょう。

とはいえ、どんな役割を果たしていくとしても、Bさんが持つライフ・パス・ナンバー「4」の性質（まじめでコツコツと努力を積み重ねていくこと）はプラスに働くはず。結果はすぐに出ないかもしれませんが、

その慎重さを兼ね備えた冒険心（ディスティニー・ナンバー「5」）は、Bさんだからこそできる、大きな役割になるはずです。

例えば、Bさんが俳優を目指したとしましょう。最初はそれこそエキストラからスタートするかもしれません。そのほうが、Bさんの心の負担が軽く、俳優という憧れの世界に足を踏み入れやすい可能性があるからです。自らセリフのない通行人や群衆の一人を希望するかもしれません。そこで学んだことをきっかけに、自分はどんな俳優を目指したいのか、一歩一歩確実に進んでいこうと決めるのです。平行して収入につながるほかのアルバイトをしながら（現実的な視点を持つライフ・パス・ナンバー「4」）、そんな生活を何年も続ける可能性があります。

挫折を経験して、役者はやめ、一般の企業に勤めたほうが合っているかもしれないと方向転換することもあるでしょう。でもきっとディスティニー・ナンバー「5」の人にとって、それは苦しい決断になるはず。Bさんには実行力や持久力がありますから、少しずつセリフのある役をもらえるよう行動し、着実に前に進む努力をするでしょう。そうやっていつの間にか、Bさんの右に出る人はいないといえるくらいの名脇役になっているかもしれません。もちろん、最後は主役を張る――そんな大物になる可能性だって大いにあります。

このようにライフ・パス・ナンバーとディスティニー・ナンバーの性質に差がある場合は、その性質の間を揺れながら、ときに苦しみ迷いながら、自分の役割を果たそうと、その使命に向かって動くことになるでしょう。

● 心の声について

ソウル・ナンバーに「2」を持つBさんの心の奥底には「愛ある穏やかな生活」を送りたいという欲求があります。人の気持ちに敏感な「2」は人に気を遣うため、たとえ意見が違っても歩み寄ろうとします。です

から、ドライに話を進めたほうが楽だと感じる場面でも、相手の立場に寄り添ってしまうことがあるでしょう。

　しかし、Bさんのライフ・パス・ナンバーは現実的な「4」です。「割り切ってドライに話を進めたほうが合理的」だと判断すると、それを選択するタイプです。決断はライフ・パス・ナンバーの「4」ですることが多いため、本音では「相手の話を聞いてあげたい」「できればなんとかしてあげたい」という気持ちがあっても、実際にそうできる場面は限られてくるでしょう。そこにストレスを感じるかもしれません。

　「2」と「4」を相性表でみると、「時間はかかるけれど、違いを受け入れれば長く続く」となっているため、「4」で出した自分の結論を、じっくりと自分の中で検討して、うまく消化していけば、最終的に「2」の自分も納得できるようになります。

　このことからも、性質と本音で折り合いをつけるのは少々時間がかかるものの、その都度自分の本音と向き合って、自分で出した結論が納得できるものになると、どんどんと生きやすくなっていくでしょう。まずは、数字の要素を掘り下げ、受け入れていくことが大切です。

◉ 対人関係について

　Bさんのパーソナリティー・ナンバーはライフ・パス・ナンバーと同じ「4」ですから、周りからの印象は、Bさんがもともと持っている性質とかなり近く、「まじめでコツコツと努力をする人」という印象でしょう。たとえ、ディスティニー・ナンバーの「5」のように冒険的な役割をしていても、「Bさんは慎重だね」「ちゃんとやるタイプだね」と評価されるはずです。

　ただ、「ちょっと堅すぎるよね」「もっと肩の力を抜けばいいのに」と思われることもあります。どうしてもキッチリとやりすぎるところがあるので、周りも手を抜けず緊張感が常に漂うためです。きちんとしてい

る部分はキープしつつも、ときに笑顔で、柔軟なところを見せれば、人間関係がもっとスムーズにいく可能性があります。

◉ 強みの生かし方

　バースデー・ナンバーは「7」ですから、Bさんの強みは「洞察力」です。事前に物事をしっかり調べ、分析することでBさんの性質がさらに発揮されます。レーダーチャートをみれば、「実行力」「持久力」「集中力」がともに高い数字（ライフ・パス・ナンバー「4」と、バースデー・ナンバー「7」）です。しっかりとしたリサーチが加われば、物事がもっとスムーズにいくでしょう。

　人生をよりよいほうへ発展させたいなら、Bさんの場合は「洞察力」を意識すること、鍛えることが有効だといえます。

◉ 人生の後半に意識したい到達点

　Bさんのマチュリティー・ナンバーは、ライフ・パス・ナンバー「4」とディスティニー・ナンバー「5」を足した数、「9」になります。

　マチュリティー・ナンバーの「9」があると、柔軟な感性で物事を受け入れられるようになるため、人生の後半期のAさんには慈悲深さが加わっているといえそうです。自分の幸せを求めるよりも、周りの幸せに重きを置くようになる、それがAさんの最終的な到達点となります。

　これまで見えてきた視点と違う角度、広い角度から物事を見られるようになるため、許容範囲もどんどん広がっていくでしょう。お金などの物質的な面はそれほど気にならなくなり、精神的に満たされるかどうか、そこに愛はあるのかといったことが、最終的な幸福につながるといえそうです。

パーソナル・チャート
リーディング Ⅲ

同じ数字を複数持つチャート例

Personal Chart
（Cさん）

ライフ・パス・ナンバー	22
ディスティニー・ナンバー	22
ソウル・ナンバー	22
パーソナリティー・ナンバー	22
バースデー・ナンバー	22
マチュリティー・ナンバー	8

◉ 全体をみる

　Cさんのナンバー全体を眺めてみると、「22」が5つあります。リーディングの核となる数字であるライフ・パス・ナンバーも含んでいますし、「22」という数字は、Cさんにとって、とても大きな影響があるといえるでしょう。このように同じ数字を多く持つ場合は、そのナンバーの特徴が最も出やすく、長所、短所とも強調されて表れます。

◉ 性質や個性をみる

　Cさんのライフ・パス・ナンバーは「22」です。同じ数字がたくさんあるとはいえ、まずは、このライフ・パス・ナンバーから掘り下げます。

ライフ・パス・ナンバーは、6つの数字の中で核となる数字でもありますから、「22」の要素である、「パワフル」「前進力」「達成力」「忍耐力」「意志力」「カリスマ性」「高い理想」というキーワードは、すべてストロングポイントになります。なお、ほかのコア・ナンバーも、ほとんどが「22」の数字であるため、どの場面でもこのキーワードが大きく関連してきます。しっかり押さえておきましょう。

　Cさんは、大きな理想を掲げて、それを達成するために力強く邁進していくタイプです。また、「22」はマスターナンバーと呼ばれる数字であり、目に見えないスピリチュアルな学びを取り入れて生きる使命のある数字といわれています。理想を具現化していくときに、スピリチュアルな要素も取り入れることができれば、ますます才能が開花されるでしょう。「スピリチュアルなこと」に、いまいちピンとこないという場合は、それを気づかせるため、いろいろな試練がやってくる可能性もあります。困難や障害が人よりも多いと感じるならば、そこから学ぶことが多いといえるでしょう。

　「執着心」「頑固」というキーワードも、Cさんを構成するにあたって無視できないキーワードです。ほかのコア・ナンバーにも「22」が多く入っているため、物事に対する執着や頑なな姿勢が強く出る可能性があります。ウイークポイントになりやすいので気をつけましょう。

◉ 仕事や役割について

　Cさんの、この世における使命、社会的な役割を表すディスティニー・ナンバーも「22」です。もともと持っている性質に加え、使命や役割も同じため、「自分は何をやっていけばよいのか」ということを、素直に理解しやすいでしょう。

　「世界を平和にする！」という大きな目標もCさんなら実現可能です。具体的に何をすればよいか、悩む必要もないでしょう。というのも、「あ

なたがやるべきことはこれですよ」と、次から次へと課題が向こうから
やってくる可能性が高いからです。むしろ悩むのは、その課題の乗り越
え方といえます。難題が多く、途方に暮れることもあるでしょう。どう
すればいいのか方法がわからずに、嫌気がさすこともありそうです。

　でも、試練を乗り越え、克服していけるパワーがCさんにはあります。
長い道のりとなるかもしれませんが、理想を現実に近づける努力ができ
る人ですから、必ずやゴールにたどり着けるはず。途中でくじけそうに
なったときは、持ち前の「忍耐力」と「意志力」を再度自覚し、意地や
底力を見せる気持ちを強く持ちましょう。

● 心の声について

　ソウル・ナンバーも同じく「22」です。性質、使命や役割、本音まで
同じ数字ですから、Cさんは裏表のない人だといえるでしょう。自分の
気持ちに素直に生きられる人ともいえます。高い理想を持って前進する、
そのパワフルさに嘘などみじんもありません。心は正義に燃えています
から、どんなことがあっても理想の実現に邁進するでしょう。

　ただし、「悪は絶対に正さなければならない」という正義感には、や
や危険を伴う場合があることも理解する必要があります。「自分は正し
い」「その言動は許せない」という感情は、人を傷つけるバッシングに
つながったり、ハラスメントにまで発展したりする恐れがあるからです。

　キーワードのポジティブな面が、より強く発揮されるのは大歓迎です
が、ここまで同じ数字が多いと、ほかの数字の特徴に同調するのが難し
く、また自分の数字の特徴を客観的に見ることも難しくなる可能性があ
ります。「22」は「共感力」「社交性」「楽観性」が低いことも、理由の
一つです（38ページ・レーダーチャート参照）。「許せない」と思うこと
があったら、どうしてそう思うのか、自分の感情を整理・理解し、その
後の対処法を、できるだけ客観的に考えましょう。

◉ 対人関係について

パーソナリティー・ナンバーも「22」です。周りから見られる印象と、Cさんが持っている性質に相違はほとんどないでしょう。まさに「印象通りの人」となります。ですから、本質とイメージが違うことで生じるギャップに苦しむこともなさそうです。むしろ、その圧倒的な存在感はカリスマ性があり、周りから一目置かれる人となっている場合がほとんどでしょう。

人によっては、「プライドが高くて本当に頑固」と思われている可能性もあるので、もしその自覚が少しでもあるなら、柔軟性を身につけることが必要かもしれません。

◉ 強みの生かし方

バースデー・ナンバーも「22」ですから、性質や役割、本音と印象にプラスして、強みまでもが同じです。「22」の要素である、「パワフル」「前進力」「達成力」「忍耐力」「意志力」「カリスマ性」「高い理想」というキーワードは、すべてCさんの強力な武器になります。高い理想を掲げて、どこまでもパワフルに、物事を達成していける人でしょう。

現実的なこととスピリチュアルなことのバランスを上手にとりながら、社会をよくするために、その強みを存分に生かしてください。

◉ 人生の後半に意識したい到達点

Cさんのマチュリティー・ナンバーは、ライフ・パス・ナンバー「22」とディスティニー・ナンバー「22」を足した数、「8」になります。

マチュリティー・ナンバーは人生の後半に重要になってくる数字ですが、ライフ・パス・ナンバーとディスティニー・ナンバーを十分に理解

し、消化したあとでなければ現れるのが難しい数字です。まずはライフ・パス・ナンバーの「22」とディスティニー・ナンバーの「22」を十分理解し、その使命を果たすことに集中しましょう。「十分にその使命を理解し、果たしもした」といえるようなら、マチュリティー・ナンバーの数字が人生に見えてくるはずです。

　Ｃさんの場合、マチュリティー・ナンバー「8」のステージに移る前までは「22」の要素が色濃く出る人生になるでしょう。「8」よりも「22」のほうが、どうしてもスケールの大きな目標を抱えがちなため、自分のやるべきことはまだあるという思いが強く、ステージを変えることがなかなかできないかもしれません。Ｃさんにとっては、「22」の持つ数字のエネルギーのほうが親しみやすいということもあります。

　Ｃさんは、すでに大きな影響力を持っている可能性も十分にありますから、人生の後半は、より身近なところに手を差し伸べる必要があるのかもしれません。

　例えば、「世界」に向けていた意識や才能を、「日本」や「日本にいる子供たち」に向けるというように。今度はその人たちが世界に飛び立てるように、自分の後継者を育てていく側に回るのです。それにはもっと「財力」を意識する必要があるかもしれません。お金で貢献できることなら、惜しみない寄付をする、これも立派な社会貢献になります。そんな活動が、思いがけず政治を動かすきっかけになるかもしれません。たとえ政治に関わっていなかったとしても、社会に大きな影響力を与えることによって、それが結果として政治にまで影響を及ぼす、Ｃさんがそんな存在になる可能性も十分あるでしょう。

パーソナル・チャート
リーディング IV

異なる価値観を持つ数字の組み合わせ例②

Personal Chart
（Dさん）

ライフ・パス・ナンバー	11
ディスティニー・ナンバー	8
ソウル・ナンバー	33
パーソナリティー・ナンバー	7
バースデー・ナンバー	1
マチュリティー・ナンバー	1

◉ 全体をみる

　まずはDさんのすべての数字をみます。数字にはそれぞれ特徴がありますから、全体のイメージをつかんでおくことが大切です。

　ここで、同じ数字が2つあることに気づくでしょう。

　通常だと、ライフ・パス・ナンバーからバースデー・ナンバーまでの5つに同じ数字がある場合は、「ほかの数字に比べるとその数字の傾向が強い可能性がある」（181ページ・読み解き方のポイント）と読み解きますが、マチュリティー・ナンバーにおいては、少々事情が異なります。

　というのも、最終的な到達点を教えてくれるマチュリティー・ナンバーは、ライフ・パス・ナンバーとディスティニー・ナンバーを足した数字になり、この2つのナンバーを十分に理解し、消化したあとでなけれ

ば現れるのが難しい数字になるからです。

「数字が放つエネルギーの使命を十分に理解し、果たしもした」といえるようになって初めて、マチュリティー・ナンバーの数字が人生に現れてくるため、最初からマチュリティー・ナンバーの数字を意識することは困難だといえるでしょう。そのため、マチュリティー・ナンバーとそのほかの数字が同じという場合は、いったんそれ以外の5つの数字で、全体のイメージをつかむことから始めます。

◉ 性質や個性をみる

Dさんの基本的となる生き方を示すライフ・パス・ナンバーは「11」です。6つのナンバーの中で核となる数字でもありますから、「11」の要素である「直感力」や「スピリチュアルな感覚」は、Dさんにとって、ごく自然で、人生に寄りそう大きなテーマといえるでしょう。

Dさんは理屈で動くタイプではありませんから、よほどのことでもない限り、ひらめきの感覚に従って行動します。それが少々危なっかしい方向だとしても、「こちらに進んだほうがよい」と直感が訴えかけてくるならば、そちらの道を選ぶでしょう。困難が待ち受けていたとしても、最終的にこの選択こそ「よい方向に進む道」だということが「11」にはわかっているからです。

このような「11」の感覚的な面に理解を示してくれる人たちが周りにいたなら、Dさんの才能は早くから芽を出します。ただし、特に親など身近な人が「そんなことをしては危ない」「こうするのが一般的だ」と、Dさんの感覚を否定したり修正したりすることが多かったなら、その芽はなかなか育たないでしょう。それが原因で心が不安定になり、ひどく神経質になってしまうこともあります。

実際に、「11」は敏感でデリケートな面が強いため、フラストレーションとは上手に付き合う必要性があるといえるでしょう。

● 仕事や役割について

　Ｄさんの、この世における使命、社会的な役割を表すディスティニー・ナンバーは「8」です。

　「8」の使命は、持っているパワーを存分に発揮し、地位や名誉、ステータスを勝ち取ること。それは並大抵のことではなく、そこかしこに困難が待ち受けており、それを乗り越えなければ手にできないものです。でも、「自分に乗り越えられるからこそ、この壁は現れたのだ」と思考を切り替え、「8」はピンチをチャンスに変えていくでしょう。そうしてどんどんと実績を積み、ほかの人ではなかなかたどり着けないポジションを「8」は手に入れるのです。その「権威あるポジション」を得ることこそが「8」の使命ですし、周りの人にはまぶしく映るでしょう。

　ただし、この「8」の要素は、ライフ・パス・ナンバー「11」の性質とは大きく異なります。数のキーワードを見ても、レーダーチャートや相性表を見ても、その特性には大きな差が出ています。

　ライフ・パス・ナンバーとディスティニー・ナンバーにおいて大きく違いが生じる場合は、自分の才能や進むべき方向性、やりたいこととやるべきことにおいて、「ギャップを抱えやすい人」と理解する必要があるでしょう。なぜならＤさんは、精神性を大事にする数字「11」と、現実性を大事にする数字「8」を同時に持っているからです。「自分自身と折り合いをつけるのが難しい人」ともいえるかもしれません。

　確かにＤさんは、生きにくさを抱えているといえます。

　「11」と「8」はなかなか相容れないため、どうしても歯車が狂いがち。とはいえ、それがカチッと噛み合いさえすれば、ほかの人には真似できないパワーを発揮できる組み合わせになるのです。

　例えば、直感を生かしながら地に足をつけて邁進する、想像しながら創造していく、そうしたことができれば、それはかなり大きな個性や強みにつながるのではないでしょうか。どちらかの比重が強くなりすぎれ

ば、つまずくこともありますが、どちらかが欠けることなく、そのよさが生きる絶妙なバランスを、持ち前の勘で補い合って前進していけば、大きな成功を手に入れることが可能です。

　最初は失敗ばかりが続くかもしれません。自分の直感を疑いたくなることもあるでしょう。ですが、挫折を繰り返すたびに「失敗は成功のもと」という意味が理解でき、むしろ失敗は「成功するために必要な経験、貴重な体験」だと気づくことができれば、次のステージに進んでいけるはずです。歯車を嚙み合わせるためには、たくさんの経験をするしかありません。経験を積めば、どこを変えたり補ったりすればよいのか、その方法や柔軟性、タイミングなどを学べます。「8」は経験を積むことで自信がつき、成長できる数字です。軸はブレないよう固めながらも、しなやかな発想をすることができれば、「11」の直感がますます生きてくることでしょう。

　ライフ・パス・ナンバーとディスティニー・ナンバーの性質に差がある場合、どちらの性質にも不安を抱えることがあり、やりきれなさ、無力さを感じることがあります。どちらも自分なんだと受け入れることが難しい組み合わせだからこそ、魂が成長できるともいえるでしょう。

　特に「11」「22」「33」のマスターナンバーが入っている場合は、「目に見えないスピリチュアルな学びを取り入れて生きる使命がある」といわれていますから、その役割に気づくのに時間がかかる場合もあります。「自分の果たすべき役割はなんなのか？」その問いに苦しむこともあるでしょう。それだけ、この人生において、自分の役割を果たすことの意味を見つけるのは、価値があることなのかもしれません。

◉ 心の声について

　Dさんのソウル・ナンバーは「33」です。「誰かのために自分の手を差し伸べたい」という声が、Dさんの心の奥にいつもあります。その誰

かは、特定できなくても構いません。なぜなら「自分が手を差し伸べるべき相手」は、そのときがくればDさんにはわかるからです。

　Dさんのライフ・パス・ナンバーは「11」です。「11」と「33」は、両方ともマスターナンバーであり、精神性をベースにする数字です。相性表を見てもバランスのよい組み合わせとなっており、生まれ持った資質と心が求めることに大きな差はありません。スピリチュアルなことにも、資質と本音が共鳴するため、抵抗がないでしょう。

　だからこそ「この人を助けてあげなければ」という気持ちが強くなりすぎると、「11」も「33」も、自分のことはそっちのけでできる限りの力を注いでしまう可能性があります。余力があるうちはそれでもよいのですが、気がついたときには心身ともに疲弊していたということにもなりかねません。

　たとえ心が満足していたとしても、身体に負担がかかってしまうと、そのダメージは最終的に心にも及びます。「自分ができることはここまで」とある程度線引きをし、心が勝手に暴走しないよう、意識的にブレーキをかける必要があるでしょう。ダウンしてしまったら、本当に手を差し伸べたいと思うときに、自分自身が動けなくなってしまいます。そうすると、「11」も「33」も、フラストレーションがどんどんたまり、自分を責めてしまうことになりかねません。

◉ 対人関係について

　Dさんのパーソナリティー・ナンバーは「7」です。初対面では特にクールな人と見られている可能性があります。どこか近寄りがたく、隙のない感じ、もしかしたらお高くとまっているように思われることがあるかもしれません。ライフ・パス・ナンバーも「11」で精神性の強い数字同士であることから、なんとなく不思議な透明感をまとっている印象があるでしょう。

ですが、本来のＤさんはイメージよりも社交性がありますし、何より共感力があります。距離が縮まると「もっと話しづらい人だと思っていた」などと言われるかもしれません。「７」があることで話しかけづらいオーラを出している可能性はありますので、笑顔で自分から積極的に話しかけたり、フレンドリーに交流を持ったりすると、その印象は早い段階で払拭できるでしょう。

◉ 強みの生かし方

バースデー・ナンバーは「１」ですから、その強みは「行動力」です。考えるよりも、まずは動く。それがＤさんの強みです。一方、ライフ・パス・ナンバーは「11」ですから、実行力や積極性はもともと低め。自分にはそんな強みはないと否定されるかもしれません。

とはいえ、考えるよりも「感じ取る力」が優れているので（ライフ・パス・ナンバー「11」）、一歩踏み出す勇気を身につければ、成功をつかむための強みになります。バースデー・ナンバーは、人生を発展させるために有効な強みを教えてくれる数字ですから、しっかり意識することが大切です。

まだ自分にはそんな力がないと思うならなおのこと、できることからでよいので、どんどんアクションに変えていきましょう。人生がもっと開けていくはずです。

◉ 人生の後半に意識したい到達点

Ｄさんのマチュリティー・ナンバーは「１」です。

マチュリティー・ナンバーは人生の後半に重要となってくる数字ですが、ライフ・パス・ナンバーとディスティニー・ナンバーを十分に理解し、各々を発揮したあとでなければ現れるのが難しい数字です。

まずはライフ・パス・ナンバーの「11」とディスティニー・ナンバーの「8」が示す道や使命に集中しましょう。「十分にその使命を理解し、果たしもした」といえるようなら、マチュリティー・ナンバーの数字が人生に見えてくるはずです。マチュリティー・ナンバーは人生のギフトともいえる数字。役割を十分果たした人生の成熟期に、どんなことが待ち受けているのか、最終的に何を実現していくのか、教えてくれるでしょう。

　マチュリティー・ナンバー「1」は、新しい道を作っていく数字です。きっとこれまでも、ライフ・パス・ナンバー「11」の直感力と、ディスティニー・ナンバー「8」の実現力を、なんとかコラボレートさせながら、精力的な活動を続けてきたことでしょう。そこで得たことを生かしながら、Dさんにしかできない「新しい道」を作ることが、Dさんの最終的な到達点となります。

　もしかしたらそれは、すでに誰かが始めていることかもしれません。ですが、Dさんが切り開く道にこそ「価値や重みがある」と感じてくれる人も多いはず。たとえどこかで行き止まりになっても、道が険しくなっても、どんどん突き進んでいく、切り開いていく、新たな可能性を想像しながら創造していくことが、Dさんの最終的な幸福につながるでしょう。

　マチュリティー・ナンバー「1」が人生に見えてきたときは、バースデー・ナンバーもしっかりとDさんの武器になっているはずです。同じ「1」ですから、ますますその強みを味方につけて、輝ける人生が待っているといえるでしょう。

第5章

運勢を読み解く

数秘術では9のサイクルで
その年、その月、その日の運勢を教えてくれます。
それはチャレンジすべき課題であったり、
意識したいテーマとなって示されるでしょう。

パーソナル・イヤー＆
マンス＆デー・ナンバー

「1〜9」のサイクルから
自分の運命周期を知る

　パーソナル・イヤー＆マンス＆デー・ナンバーとは、ある特定の年・月・日が、その人にどんな影響を与えるのか、こなすべき課題や心がけたいことを教えてくれる数字です。

　パーソナル・イヤー・ナンバーは、9年周期の何年目にいるかを知ることで、今、物事が始まってどれくらいの過程にいるか、その年のテーマや課題などを把握することができます。

　パーソナル・マンス・ナンバーは、ある特定の月が、どの数字の影響を受けているかによって、どの分野に重きを置いて生活をしていくとよいかがわかる数字です。

　パーソナル・デー・ナンバーは、ある特定の日が、その人にどんな影響を与えるか、どんな心がけをすべきか、がわかります。

運命周期を活用して
よりよい人生にする

　数秘術では、9年をワンサイクルとして周期が完結します。

　1は、物事が始まることを表し、2〜8のさまざまな過程を経て9で完結する、という流れをたどります。

それぞれのナンバーの詳細は、214ページ以降にありますが、数字の軸となるメッセージは次の通りです。

1……始める、流れが変わる

2……つながる、関わる

3……楽しむ、創造する

4……安定させる、基礎を固める

5……変化を取り入れる、冒険する

6……教える、愛を与える

7……振り返る、見つめ直す

8……達成する、充実する

9……まとめる、完結する

パーソナル・イヤー＆マンス ＆デー・ナンバーの活用法

　自分のパーソナル・イヤー＆マンス＆デー・ナンバーを算出し、今自分が置かれている状況はどの辺りなのかを探っていきましょう。

　もちろん、今年は「1」の年だから「何か新しいことを始めてみよう」と決意したり、今日は「3」の日だから「楽しいと思うことを思う存分やってみよう」と一日の行動を決めたりというように、単純に知りたい年月日を出して、数字からのメッセージを受け取るのもよいでしょう。

　さらに、人生の大きなイベント、例えば転職や結婚、海外留学などが控えている場合、どのタイミングにするとよいかマッチングさせるのも一つの方法です。

　転職を迷っていて、それが自分の判断で決断できるなら、「1」の年、「1」の月に設定してみるなど、自分が最良だと思う時期を選択するとよいでしょう。そのタイミングに合わせることで、ことが運びやすくなる、といった感じです。

パーソナル・イヤー・ナンバーの求め方

　「生まれた月」＋「生まれた日」＋「運勢を知りたい年の数」をもとに算出します。2桁の場合は、さらに1桁に分解して加算します。11、22、33の数になった場合でも、1桁に還元してください。

例）１９７３年１０月２７日生まれの人の
　　２０２１年の運勢をみる場合
①生まれた月・日・知りたい運勢の年を用います。
　１０２７２０２１
②1桁になるまで加算します。
　１＋０＋２＋７＋２＋０＋２＋１＝１５
　１＋５＝６
　→パーソナル・イヤー・ナンバー６

パーソナル・マンス・ナンバーの求め方

　「パーソナル・イヤー・ナンバー」＋「運勢を知りたい月の数」をもとに算出します。2桁の場合は、さらに1桁に分解して加算します。11、22、33の数になった場合でも、1桁に還元してください。

例）１９７３年１０月２７生まれの人の
　　２０２１年４月の運勢をみる場合
①パーソナル・イヤー・ナンバーを算出します（上記参照）。
　→６
②パーソナル・イヤー・ナンバーに知りたい月の数を足します。
　６＋４＝10
　１＋０＝１

→パーソナル・マンス・ナンバー1

パーソナル・デー・ナンバーの求め方

「パーソナル・マンス・ナンバー」＋「運勢を知りたい日の数」をもとに算出します。2桁の場合は、さらに1桁に分解して加算します。11、22、33の数になった場合でも、1桁に還元してください。

例）１９７３年１０月２７生まれの人の
　　　２０２１年４月２９日の運勢をみる場合
①パーソナル・マンス・ナンバーを算出します（上記参照)。
　→1
②パーソナル・マンス・ナンバーに知りたい日の数を足します。
　1 ＋ 2 ＋ 9 ＝12
　1 ＋ 2 ＝ 3
　→パーソナル・デー・ナンバー3

<ナンバーのパワーアップ活用法>
　パーソナル・イヤー＆マンス＆デー・ナンバーの数字に沿った色やアイテムを身につけると、その数字のエネルギーを取り込みやすくなります。数字の基本特性（28ページ〜参照）にある数字のテーマカラーやパワーアイテム、パワープレイスを参照してみましょう。
　例えば、パーソナル・イヤー・ナンバーが「2」の人の場合、今年の運気の流れを味方につけたいなら、積極的にホワイトを取り入れたり、パールのアクセサリーを身につけたり、居心地のよい場所で過ごす時間を増やしたりすると、好機を引き寄せやすくなるでしょう。

Personal Year Number
1

テーマは「スタート」
たくさんの種をまくとき

　パーソナル・イヤー・ナンバー「1」は「スタート」に適した年です。サイクルの始点になる年なので、何かを始めるとしたら、この年が最適だといえるでしょう。

　やろうと思いながらも、なかなか腰を上げられなかったことはもちろん、自分にとって未知の分野でも、積極的に踏み込んでいくようにしてみてください。わざわざ時間やお金を工面しなくても大丈夫。「1」の年は、なぜか都合よく空き時間ができたり、投資をしてくれる人が現れたり、また、背中を押してくれるような人物に出会えるなど、自分にとってのチャンスがあちこちに現れる時期でもあるからです。

　もし始めたいことが思い浮かばないときは、初めての場所に行ってみたり、新しい人に会ってみたり、そうした出会いを意図的に作ってみるのがおすすめ。

　例えば、毎日通う駅までのルートを変えてみたり、買い物をする店を開拓したり、SNSを始めてさまざまな人たちと交流を広げてみたり。些細なことがきっかけで、縁が広がっていくのを感じられるでしょう。

　結果や見返りは考えずに、まずはたくさんの種をまくこと。行動を起こさなければ、何も生まれません。まずは第一歩を踏み出す、これがパーソナル・イヤー・ナンバー「1」の年にやるべきことです。

Month Number 1

「1」の年の「1」の月の組み合わせは、まさに何かを始めるのに最適なとき。習い事を始めたり、新しいプロジェクトをスタートさせたり、積極的に新しい環境へ身を置くことで、大きな幸運を引き寄せやすくなります。新しい出会いを求めるのも最適。大胆な一歩が吉と出ます。

Month Number 2

「2」の月は、人と積極的に関わる時間を自ら作り出すとよいでしょう。親しい人はもちろん、今まであまり接してこなかったタイプの人とも、あえて共にする時間を作ることで、気づきがあるはず。また、芸術的な分野と関わると、インスピレーションがわくかもしれません。

Month Number 3

「3」の月は、楽しいことに身を委ねるとよいでしょう。試したことのないアクティビティに挑戦したり、新しい仲間とレクリエーションを共にしたり。「新しいもの」と「楽しいもの」の融合時間を作ると、日々がもっと充実するはずです。

Month Number 4

「4」の月は、小休止のタイミング。動くことを制限するわけでありませんが、冷静な判断が必要です。始めたことを現実的に見直したり、修正したりするのにおすすめ。生活習慣を改めてみるのにも適しています。スマートフォンの使いすぎなどにも注意を。

Month Number 5

「5」の月は、今まで挑戦したことがないものや、あきらめていたことにチャレンジ。新しい変化が訪れるタイミングですから、何事も積極的にアクションを。成果を気にすることなく、大胆にトライしましょう。

Month Number 6

「1」の年と「6」の月の組み合わせは、損な役回りを積極的に引き受けてこそ、好展開になるようです。サービス精神を持って始めることが、後によい結果として返ってくるでしょう。

また、運動や健康管理など身体のケアを始めるのにもよい時期です。

Month Number 7

「7」の月は、新たな学びを始めるのに適しています。新しい習い事や勉強はもちろん、今まで不思議だと思っていたことや腑に落ちなかった点を深く掘り下げてみましょう。自分が知りたいと思うことに焦点を当て、ぜひ突き詰めてみてください。

Month Number 8

「8」の月は、物事を始める際に、目指すレベルを高く設定することがおすすめです。そうすると、大きくジャンプアップできるでしょう。また、自分が関わる人やもの、場所などは一流のものをセレクトするのが吉。嬉しい結果を容易に引き寄せることができるはずです。

Month Number 9

「9」の月は、不必要だと感じたことを、積極的に手放すのに最適です。思い切った断捨離が功を奏すでしょう。

今まで捨てるのが面倒だったり、そのままにしていたことがあるなら、まさに精算のとき。古いものを整理し、身軽になることが吉と出ます。

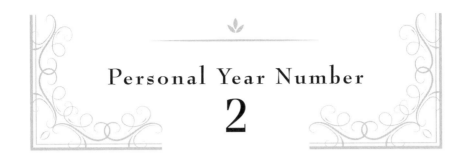

Personal Year Number
2

テーマは「つながる」
協調性を持って人間関係を深める

　パーソナル・イヤー・ナンバー「2」は、人やもの、環境と深く「つながる」年。

　まいた種から小さな芽が出て、根を生やしていくように、「1」で始めたことが徐々に根づき、関係を密にしていく時期といえます。

　新しく仕事を始めた人は、職場や同僚にもなじんでいき、仕事の要領がわかってくる頃でしょう。また、前年に知り合った人とは、関わりが多くなり、気心の知れた間柄になりつつあるかもしれません。

　「2」は、つながりを深める年となるため、仕事においても人間関係においても、協調性を持って、こまめにコミュニケーションをとることがカギとなります。

　また、恋人や家族などの近しい関係においても、この年はコミュニケーションを積極的にとっていきましょう。感謝の言葉をことあるごとに伝えたり、恥ずかしがらずに愛情表現をしたりすることで、関係が安定していくはずです。結婚を望んでいる人にとっては、良縁をたぐり寄せるチャンスの時期。アンテナを張り巡らせたり、周囲に婚活をしていることをアピールしておくとよいでしょう。

　一方で、感性が高まっている時期でもあるため、芸術に触れたり、アートシーンに出かけたりするのもおすすめです。

Month Number 1

「2」の年の「1」の月は、人間関係を新しく開拓するのがおすすめです。初めての場所や集まりに参加すると、新たな刺激を得られることが増えるはず。また、フリーの人は、恋人や結婚相手を積極的に探しましょう。信頼できる人に紹介を頼むと、良縁に巡り合えそうです。

Month Number 2

「2」の月は、身近な人とたくさんコミュニケーションをとることで、安定した関係をより深められるタイミング。相手の話に耳を傾け、理解に努めましょう。芸術に触れるのも大吉。感性がグッと高まります。

Month Number 3

「3」の月は、心の通じた仲間たちと一緒にいる時間を増やすことで、心が解放され、楽しく充実した時期となるでしょう。

自らも楽しさにこだわっていきたいとき。自分が楽しむことで、大事な人も笑顔になれる、そんな選択をすることが大切です。

Month Number 4

「4」の月との組み合わせは、職場の同僚や友人、恋人や家族など周囲にいる人たちとの関係を静かに見直すのによい時期です。不和を起こしやすい人とどう接していくかなど、事前に手立てを考えておくことも、今後うまくやるための有効な手段となるでしょう。

Month Number 5

「5」の月は、穏やかな人間関係を保ちつつも、ちょっとした冒険を取り込んでみると面白い時期です。

今まで周りにいなかったタイプの人や、異性としてみていなかった人と、あえて関わりを持つことで意外な進展があるかもしれません。

Month Number 6

「2」の年と「6」の月の組み合わせは、自分のことを優先するのではなく、人のために行動することで、ツキが巡ってくるときです。裏方の仕事やサポート的役割を、進んで引き受けましょう。奉仕の精神を大切にし、献身的に過ごすことがおすすめです。

Month Number 7

「7」の月は、もしかすると人間関係にやや疲れが生じてくる頃かもしれません。仲よしだと思っていた人とも「最近一緒にいると、なぜだか疲れる」と感じるならば、少し距離を置いても大丈夫。一人の時間をしっかり持つことで、気持ちも切り替えられます。

Month Number 8

「8」の月は、迷いや悩みがあった事柄と強い気持ちで対峙するのに都合のよいとき。滞っていた人間関係を改善したり、パワハラ・セクハラなどの嫌がらせを断固拒否するのも、この時期なら気持ちを強く持てるはずです。

Month Number 9

「9」の月は、日ごろ苦手意識を持っている相手とコミュニケーションをとるのによいときです。意外な共通点があったり、話してみたら印象が変わったり、などいい意味での変化が現れそう。相手への思い込みを捨てることがカギとなるでしょう。

Personal Year Number
3

テーマは「創造」
楽しいかどうかを基準にする

　パーソナル・イヤー・ナンバー「3」は、今手にしているものを使って新たなものを「創造」する年。根を張って定着してきた土台をもとにして、そこから新しい葉を作り、茂らせていく時期です。

　関わっている人たちや取り組んでいる仕事を、これからどう広げていけばよいのか、という想像力を働かせていきましょう。人脈を広げるのにも適しています。

　ここでポイントとなるのは、「楽しくイメージをふくらませること」です。進みたい方向性をはっきり決めるというよりは、明るい気持ちになれるほうを選んでいくことが大切だといえるでしょう。

　「3」の年は、現状維持ではなく、人生をクリエイトしていくタイミング。この年に着手したことは、今後の好循環を作るきっかけになり、幸運を引き寄せてくれるはず。

　もちろん、プランを立てるときや選択するときは、自分の心がウキウキするほうを選ぶことが大切です。自分に厳しくなって、「こちらのほうが大変だけど、ためになりそうだ」とか「よりよくするためには、険しい道を行くべきだ」などと思う必要はありません。「3」の年は、自分が楽しいと思うことをセレクトするのが正解の年。楽観的な視点から物事を捉えると、うまくことが運ぶでしょう。

Month Number 1

「3」の年の「1」の月は、一歩踏み出すのに最適なとき。プランを起こそうと思ったなら、攻めの姿勢で臨むとよいでしょう。

少々無謀だと思うようなことでも、ポジティブなイメージを持ち、積極的に取り入れることが成功の秘訣です。

Month Number 2

「2」の月は、大切な人と密に関わりながら、楽しいことを創造していくのがおすすめです。自分だけではなく、相手も笑顔になれる選択をすることで、幸せになれるとき。多くの人が笑顔になれるなら、サポートや協力を求めることも積極的に行ってください。

Month Number 3

「3」の月は、魂が本当に楽しいと感じることを選択し、行動していくのがおすすめです。心から楽しんで物事に取り組んでいれば、結果として周りの人も幸せにしていくことができるでしょう。

楽しいと感じられるほど、生活の質がどんどん向上していきます。

Month Number 4

「4」の月は、楽しむ気持ちを大事にしながらも、客観的な視点を持って行動することが大切。思いが先走りそうになったとき「この計画で大丈夫だろうか」と、一度立ち止まって考えるようにしてみてください。

Month Number 5

「5」の月は、変化できることを意識して物事を選択するとよいでしょう。どちらを選択しようか迷ったときは、もちろんワクワクすることが必須ですが、いつもの自分なら選ばないほうや、自分がより大きく変わる方向性のものを選択してみてください。

Month Number 6

「3」の年と「6」の月の組み合わせは、自分が楽しむことはもちろんですが、人のためになることを意識して行動すると、よりよい結果につながるでしょう。一方で、楽しいかどうかわからない場合も、やってみることで、楽しく感じるようになり、それが人の役に立つということもありそうです。

Month Number 7

「7」の月は、遊びながらも知識欲を満たすことがカギとなるでしょう。ただ「楽しかった！」というだけでなく、今まで知らなかった世界や興味を持てなかった分野に触れることが今後の成長の糧になります。

Month Number 8

「8」の月の組み合わせは、あえて大変な仕事や責任感を伴う役割を引き受けるなど、一段高いハードルを自分に課してみるとよいでしょう。気力に満ちあふれた時期なので、限界だと思っていたラインを軽々と楽しみながら超えることができるはずです。

Month Number 9

「9」の月の組み合わせは、不要なものを整理するのがおすすめです。そのとき大事なのは、ワクワクするものだけを残すということ。それ以外は、思い切った断捨離が必要になります。きっと空いたスペースには、もっと楽しいことが舞い込んでくるでしょう。

Personal Year Number
4

テーマは「足固め」
安定を第一に優先して

　パーソナル・イヤー・ナンバー「4」は、築いた土台の「足固め」をする年。

　「3」で育った苗を枯らさないように、日当たりをよくしたり、水や肥料を与えたりして、ベストな環境を整えるタイミングになります。この時期にしっかりと足場を固めないと、ひょろひょろとした弱々しい植物にしか育ちませんし、また衝撃が加わればすぐに折れてしまうような結果を招いてしまう可能性も。

　そうならないように「4」の時期は、足場を固めることに専念して。軽い気持ちで新しいことを始めたり、ほかの事柄に目移りしたりしないよう気をつけましょう。

　また、「現状維持できればいいだろう」といった油断も、足場を揺るがしかねません。弱いところがあれば補強していくことに尽力すべき。現在に至った道筋を検証したり、起こりうるリスクや今後のプランの欠陥など、現実的に時間をかけて検証していきましょう。

　「4」の年は、じっくりと腰を据えて考える時間を持つことがカギとなります。なぜなら、自分自身を見つめ直すことで責任感も芽生えやすくなり、結果、周りの信頼を集めることにつながり、頼られる存在になれるからです。

Month Number 1

「4」の年の「1」の月は、自身の軌道修正をするのに最適です。

基盤をより強固なものにするために、どこを変えたらよいのか検討し、変えたほうがよいところは、すぐに見直しましょう。そうした積極的な取り組みが、さらに土台を固める大切な要素となっていきます。

Month Number 2

「2」の月は、信頼できる人の意見を尊重し、それを取り入れるのがおすすめです。悩みを相談したら、土台固めに最適なアドバイスがもらえるかもしれません。逆に相談されたなら、喜んでサポートを。

Month Number 3

「3」の月は、慎重でありながらもユーモアを忘れないように過ごすのがおすすめです。根を詰めて働きすぎて、眉間にしわが寄ったり、肩に力が入りすぎたりしないよう、心に余裕を持ち、笑顔でいることを心がけてください。

Month Number 4

「4」の月は、腰を据えるべき年において特に静観すべきとき。今ある現状をしっかりキープして、安定第一を心がけてください。やりかけのものや訂正するべきものが目の前にあるなら、現実的な視点で少しずつ修正を重ねていくようにしましょう。

Month Number 5

「5」の月は、安定した生活を大事にしつつも、アクセントとして小さな変化を取り入れていくとよいでしょう。髪形を変えてみたり、読まないジャンルの本を選んでみたり。そんな小さな変化を楽しむ気持ちが、今ある生活への感謝につながります。

Month Number 6

「4」の年の「6」の月は、家族や友人、恋人など、大切な人たちと一緒にいる時間を多く取りましょう。それが、どれだけ心の安定につながっているかを実感するタイミングとなります。そしてその心の安定が、生活の基盤になっていることをしっかり感じて。大切な人に恩を返す時期でもあります。

Month Number 7

「7」の月は、現状を見直すとき。この時期こそ、何が足固めに必要なのか、じっくり考えてみましょう。修正したほうがよいと思うなら、どこをどんな風に直せばよいのか、資料を読むなど「学び」をテーマにしっかりと精査するのがおすすめです。

Month Number 8

「8」の月にお金に対する意識を高めると、さまざまな効果が現れやすくなります。

投資と消費、浪費を検討し、価値のある使い方、貯め方をしっかり考えましょう。同時に稼ぎ方を考えることも重要です。

Month Number 9

「9」の月は、本当に必要なものを取捨選択することが大事です。それには、思い切った断捨離が重要だといえるでしょう。残すべきものは、生産性を高めるものだけ。現実的に役立つかどうかを、じっくり考えてみてください。

Personal Year Number
5

テーマは「変化」
柔軟な対応が新たな自分を生む

　パーソナル・イヤー・ナンバー「5」は、「変化」する年。

　「4」で固めたものを土台にして、新しいチャレンジをしましょう。これまで踏み入れたことのない未知の領域にも、果敢に挑戦を。そうすれば、新たな可能性や才能が開花するかもしれません。

　また、今までなら気にも留めなかったような誘いでも、思い切って乗ってみましょう。もちろん、直感が「あやしい」と感じたものまで挑戦しろとは言いませんが、興味を惹かれるような内容であれば、ぜひチャレンジを。その際、多少のリスクは引き受けましょう。なぜならこの時期の誘いは、ゆくゆくの糧になったり、チャンスに変わることが多いため。尻込みせずに波に乗ることが大切です。

　また、変化を優先してみるのも面白い結果を伴いそう。あえて自分の好みと反するものを選んでみたり、反対の意見を取り入れてみたり、いつもとは違う道に進むのも、自分を大きく変化させる一因となるはず。自分からそうしようと思わなくても、状況がそれを促すこともあるでしょう。もしかしたら、一見、不運な出来事だと感じることがあるかもしれません。でもそれも、変化に対する適応力を学ぶため。「5」の年は、変化を恐れることなく、むしろ楽しむ気持ちで、未知への冒険に乗り出すことが必要です。

Month Number 1

「5」の年の「1」の月は、勇気を持って、冒険の一歩を踏み出すタイミング。今までためらっていたことでも、なぜかスムーズに始めることができるでしょう。自分の意思を強く持って行動をしていくことが、流れを作り出していくポイントです。

Month Number 2

「2」の月は、感性が豊かになり、才能が高まるタイミングです。アート作品に触れたり、インテリアを変えてみたり、美しい景色を見たり。感性を自ら刺激することで、生活に嬉しい変化が出てくるでしょう。

Month Number 3

「3」の月は、自由に楽しむことが何より大切。少々枠からはみ出ても構いませんので、やりたいこと、好きなことを優先していきましょう。SNSでの新たな挑戦は、クリエイト能力が開花する可能性を十分秘めていそうです。

Month Number 4

「4」の月は、自由さを得るために、たとえ望まないことでも、「やったほうがいい」と思うことに着手すべきです。

つまらないと感じることや、面倒だと感じることでも、このタイミングでやっておくと、あとで「よかった」と思うことができるはず。

Month Number 5

「5」の月は、最も冒険に適しているタイミング。これまでより大胆に、何事も恐れずに、思い切った挑戦が功を奏すでしょう。たとえリスクがあっても、ここでチャレンジしないと後悔することに。リスクを覚悟の上で、一歩を踏み出していきましょう。

Month Number 6

「5」の年の「6」の月は、これまでやったことのない、人の役に立つイベントを立ち上げてみましょう。

「こんなことが役に立つかな？」と思うことでも、きっと救われる人がいるはず。そんな人たちの反応に、自分の新たな可能性にも気づけるかもしれません。

Month Number 7

「7」の月は、自分の好奇心を満たすために、あらゆることを自由に探求するのがおすすめです。

この月は、これまでよりも深い部分を学ぶチャンス。たとえ飽きたとしても、粘り強く関わっていく姿勢が大切だといえるでしょう。

Month Number 8

「8」の月は、「少し欲張ったかな？」と感じるくらい、貪欲に行動を起こしてもいいときです。そのほうが好奇心を刺激されますし、その後の変化がより大きなものになるはず。自信を持って、自由に羽ばたいていきましょう。

Month Number 9

「9」の月は、これまでのこだわりを思い切って手放すタイミングです。身軽になることで、自由に動くことができるでしょう。不要なものがなくなると、新たな好奇心がわき、次にチャレンジすべきことが見えてくる可能性も高まります。

Personal Year Number
6

テーマは「成長」
人を育てることで自分も磨かれる

　パーソナル・イヤー・ナンバー「6」は、「成長」する年。

　「1」の年にまいた種がようやく安定期に入ったところで、育成から熟成に向かう過程の年ともいえるでしょう。自分がある程度、成熟したとき、社会で求められることは責任を伴った行動です。

　会社で例えるならば、右も左もわからない新入社員から徐々に仕事を覚え、年をまたぐごとに少しずつ後輩も増え、仕事をレクチャーされる側から、する立場になった頃、といった感じでしょう。

　自分を成長させることで精一杯だった状態から一段落し、周囲の状況も見られるようになって、今この場に必要なものは何か、自分は何をするのが最善か、ということがわかり始めるタイミングといえます。周りを見渡す余裕が出てくるので、後輩を育成したり、人の世話をする機会も増えるでしょう。愛を与える時期に入ったともいえます。

　ですから、この年は人を気遣い、育てることに邁進すると、活躍の場がさらに開けるでしょう。

　具体的には、会社では部下を育成するだけでなく、今まで温めてきたプランを世に出していく作業をする時期です。また、家庭では子供を育てたり、介護をしたり、地域単位では、困った人たちに寄り添い、助けていく仕事をすることで、自身も大きく成長していけます。

Month Number 1

「6」の年の「1」の月は、誰かのためになることを、新しく始めるのによいときです。困っていること、悩んでいることを率先して聞き、それを具体的に改善する一歩を踏み出すのに最適だといえるでしょう。

Month Number 2

「2」の月は、相手の話を「聞く」という姿勢を意識すると、人間関係がうまくいきます。そのうえで、必要があればアドバイスをするというスタンスがよいでしょう。決して出しゃばるのではなく、相手の気持ちを最優先することが大切です。

Month Number 3

「3」の月は、楽しみを共有しながら、人とのつながりを大切にしていくと、活躍の場が広がっていくでしょう。

「私が楽しいのだから、相手も楽しいはず」といった独りよがりの発想ではなく、相手も本当に楽しんでいるか、配慮を忘れないで。

Month Number 4

「4」の月は、本当に「相手のため」であるならば、少々厳しい意見を言うことが求められるとき。関係が悪くなるのを恐れて、あいまいな伝え方をすると、後悔する結果になりかねません。このタイミングこそ、「愛」と「正義」を持って、しっかり対応するべき。

Month Number 5

「5」の月は、少し大胆なチャレンジをしてみるとよいでしょう。たとえば、これまでやったことのないものに挑戦したり、既存のものに変化を取り入れたり。できれば、誰かを育成することや、生き物や植物などを育てることに関連するものがおすすめです。

Month Number 6

「6」の年の「6」の月は、陰で支える役割を率先して引き受けることで、ツキが巡ってくるでしょう。イベントの裏方や飲み会の幹事を買って出たり、積極的に悩み事を聞いたり、自分のできることで構いませんので、人のためになる行動を心がけてください。

Month Number 7

「7」の月は、今まで「人のため」と思ってやってきた行動を、見直してみるタイミングになりそうです。

自分の言動が本当に相手の役に立っていたか、自己満足で終わっていなかったか、などを十分に検証してみましょう。

Month Number 8

「8」の月は、結果に責任を伴う仕事を買ってでもやってみるべきとき。特に人を助けるような役割は、自身の成長のためにも有意義です。また、誰かのためにお金を使ってみることも、実践するとよいタイミングとなります。

Month Number 9

「9」の月は、相手を見守ることも愛だということに気づいたり、それを証明したりするのに最適なタイミングです。

欠点や失敗にも目をつむり、温かく見守ること。相手が自分の過ちに気づき、立ち直るまで、そばにいながら見守っていきましょう。

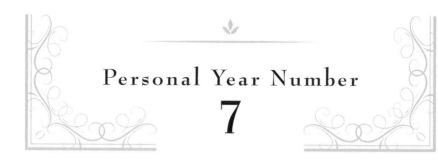

Personal Year Number
7

テーマは「内省」
己を知ることでさらなる飛躍を

　パーソナル・イヤー・ナンバー「7」は、「内省」する年。

　ここで一度立ち止まり、自分を見つめ直す時間が必要となります。

　「6」の時期に人の面倒を見たり、指導する立場に回ることで、初めてわかることもあるでしょう。それは自分の未熟さかもしれません。「こうすれば、相手に伝わりやすかったかも」と自分の技量不足を感じることもありそうです。また、「相手のためにやっているのに、なぜ感謝されないんだ」など、日頃の不満と向き合うことでわかることも。思考回路の切り替えをすべきタイミングだ、と気づく人もいるでしょう。

　自分自身と向き合う時間をしっかり作り、自分について深く考えることが大切です。そうすれば、否応なく自分の長所や短所に気づかされることになります。長所はもっと伸ばし、短所を修正していこう、という気持ちが芽生えれば、大きく成長できるでしょう。

　一方で、「7」の年は自分の武器を増やせるタイミングでもあります。例えば、やりたいことに本腰を入れたり、専門分野を掘り下げてみたり、徹底的に内面を磨いたり。それには、たくさんの本を読んで勉強したり、研究を深めたり、自分だけで過ごす時間が必要となるでしょう。

　この時期は外に向かって行動するよりも、自分の才能をじっくり育てたり、技術を磨くために使うと、有意義に過ごせるはずです。

Month Number 1

「7」の年の「1」の月は、自分の成長に必要だと思うことを始めるのに適した時期です。今関わっている物事をスムーズに行うために、資格や語学が必要だと感じているなら、この時期にスタートさせましょう。

Month Number 2

「2」の月は、感性を深めることに意識を集中させるとよいでしょう。例えば、美術館に行って一つの絵をじっくり鑑賞してその背景を想像したり、好きな音楽を聴き、歌詞の意味を改めて感じてみたり。自分の感性を磨くと、成長できるタイミングになります。

Month Number 3

「3」の月は、自分の専門分野を難しく説明するのではなく、誰にでもわかりやすく、できればユーモアを交えて伝えるように心がけるとよいでしょう。そうすれば、自分が大事にしている分野で、多くの人を幸せにしていけるはずです。

Month Number 4

「4」の月は、内省するのにとても適した時期となります。

自分のやっていることを、現実的、そして客観的に見つめ直してみましょう。軌道修正をするのにも適しています。

Month Number 5

「5」の月は、自分の内面を別の角度から磨くつもりで、ハードルが高いと思っていることに、あえて挑戦するのがおすすめです。挑戦すること自体に意味があるので、たとえ結果が伴わなくても大丈夫。トライするだけでも、ツキが巡ってくるでしょう。

Month Number 6

「7」の年と「6」の月の組み合わせは、体のメンテナンスに力を注ぐと効果が出やすいときです。不摂生しているなら、それを改善したり、身体に不調があるときは、生活リズムを整えたり。メタボ傾向にあるなら、食の改善や運動を取り入れたりするなど、ぜひ生活を見直す月にしてください。

Month Number 7

「7」の月は、自分に足りない部分を把握して、学びの時間を多くとるようにするとよいでしょう。またこの時期は、人と会うよりも、自分と向き合うのに最適です。徹底的に内省したり、専門分野を深めたりするなど、自身の技術を磨き上げるために力を注いでください。

Month Number 8

「8」の月は、高い目標を立てるのによいタイミング。レベルアップのために、ゴールを高く設定してみましょう。専門分野を深めるために、「○○までやる！」など、具体的な目標を掲げることで、より大きな成長が見込めるはず。また、それをやることで、経済的にもどれくらいプラスの影響が出るか、しっかりと計算、計画することがおすすめです。

Month Number 9

「9」の月は、自分にとって本当に必要なものは何か、しっかりと見極めていくのに最適です。究極のところまで、自分が必要とすることを絞ってみましょう。それ以外は思い切って手放す、その勇気が幸運を引き寄せる大きな一歩になります。

Personal Year Number
8

テーマは「パワー」
精力的な活動が成功を引き寄せる

パーソナル・イヤー・ナンバー「8」は、「パワー」がみなぎる年。

「7」の年で十分な内省をし、力をチャージできた人ほど、「8」では、パワーアップすることになります。

「1」の年にまいた種をしっかりと育ててきたならば、この年に収穫を迎える人もいるでしょう。人によって規模の差異はあるかもしれませんが、成功に結びつきやすいタイミングとなります。また、人よりも頑張ってきた自信がある人ほど、実りの多い時期となりそうです。

まだ到達にはほど遠いと思う人でも、しっかりした目標が設定されている場合は、自分に鞭を打って全力を尽くすことができるため、達成できる確率は高くなるでしょう。状況がそうなるように、後押ししてくれる可能性もあります。

また「8」の年は、自らリーダー役を買って出たり、自分に厳しくなって自律できるようになったりする人も多いでしょう。

この時期は、野心を持ってタフに活動することはもちろん、外側の力も存分に利用したいところ。権力者と知り合うことができるようなパーティに参加したり、上司や先輩との関係を密にしたり、時代の潮流に乗っている人の講演会を聞きに行ったりすると、期待できる人脈が得やすく、成功の一役を担ってくれるかもしれません。

Month Number 1

「8」の年の「1」の月は、新しいエッセンスを1滴、生活に加えると、一気に望むゴールへと加速するでしょう。

成功まであと少しという場合は特に、新メンバーを加えてみたり、新しい手法を考えたり、今までとは違ったアプローチでトライしてみて。

Month Number 2

「2」の月は、人との関わりの中から、成功へのヒントを得ることが多いでしょう。また、人の話をしっかり聞くことが大事なときでもあります。コミュニケーションを何よりも大切にしてください。相手が困っているならば、サポートを買って出るのもおすすめ。

Month Number 3

「3」の月は、自ら進んで楽しいと思うことを披露すれば、面白いように物事が進んでいくでしょう。まずは、自分が楽しむこと。そして、それが多くの人の利益につながるなら、これ以上のことはありません。

Month Number 4

「4」の月は、最も現実的な視点を大事にしたいとき。一度立ち止まって、現状を冷静に見つめましょう。お金に関しても、しっかり見直すことが功を奏します。必要な経費を見極め、それがちゃんと投資になっているか、使い道を把握することが大事。

Month Number 5

「5」の月は、ふっと肩の力を抜いて遊び心を取り入れると、さらに大きなパワーを生み出せそうです。一見、無駄に見えることや意味のなさそうなことでも、あえて体験してみて。魂がさらに輝き、ステップアップにつながるでしょう。

Month Number 6

「8」の年の「6」の月は、遠回りだと思っていたルートを選ぶことを、あえておすすめしたいときです。

自分の目的を最優先するよりも、人の世話をしたり、面倒だと思われる役回りを引き受けたりすることが、成功や達成につながります。

Month Number 7

「7」の月は、好奇心や向学心を原動力にして、さらに邁進したいときです。そのためには、疑問に思ったことを徹底的に調べましょう。「どうして？」といった心の声を聞き逃さないことが大切です。

Month Number 8

「8」の月は、最も多くのエネルギーを味方にできるときです。タフな戦いができるため、目標に向かって、全力を出しましょう。そうすることで、大きな成果を手にできるはず。誰の目も気にせず、恐れることなく思い切り突き進んでください。

Month Number 9

「9」の月は、もしかすると、自分のやっていることに、ふと限界を感じるタイミングになるかもしれません。

しかし、さまざまな視点から現状を眺めることで、見えてくることがあります。その「気づき」に従って、邁進していきましょう。

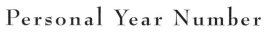

Personal Year Number
9

テーマは「完結」
現状を整理・収束する

パーソナル・イヤー・ナンバー「9」は、「完結」の年。

「1」〜「9」のサイクルの締めくくりの年で、掲げた目標の結果や今までの努力の成果が見える年となるでしょう。

だからといって、望み通りの結果が出る、ということに直結するとは限りません。一生懸命努力を重ねてきたとしても、実りある成果につながっていない場合もあるでしょう。しかし、この「9」の年は、どんな結果であっても、一度状況を整理することが大切です。

努力を続けてきたこと、途中で投げ出してそのままにしてあること、どうやってもうまくいかなかったことなど、すべてここで区切りをつけて、自分の中で評価をしてみましょう。中途半端なものがあれば、ここで一度「やめる」決断をするのもおすすめです。もちろん、別の方法で再トライすることを決めるのもよいでしょう。「宙ぶらりんのまま」という状況だけは避け、ぜひ方向性を決めてください。

結果がどうであれ、それにはちゃんと意味があります。その意味を自分でしっかり受け止めて、自身の糧にし、価値ある未来に変えていきましょう。そのためには、「感謝」することが大切。すべてに感謝することができれば、「人生に無駄なことはない」という本当の意味が理解できるはずです。

Month Number 1

「9」の年の「1」の月の組み合わせは、疑問を感じつつも継続して
きたものに、思い切ってピリオドを打てるタイミングです。これまで勇
気が出ず悩んできたなら、流れを変えられるチャンスですから、ぜひ手
放しましょう。そうすることで幸運を引き寄せやすくなります。

Month Number 2

「2」の月は、美的感覚が高まりやすい時期。芸術に触れ、心が癒さ
れることもあるでしょう。ある歌がきっかけで心の整理ができるかもし
れません。意外なことが不要なものを手放すきっかけになりそうです。

Month Number 3

「3」の月は、心を解放して成り行きに任せてみると、ことがうまく
運ぶでしょう。ワクワクするほうを選ぶのもおすすめです。「やるだけ
のことはやった、あとは人事を尽くして天命を待つ」という気持ちで、
ゆったりと過ごしてみてください。

Month Number 4

「4」の月は、今までやってきたことの成果が、現実的に現れるとき
です。どんな結果だったとしても、結果は結果ですから、しっかり受け
止めましょう。修正すべき点はここでしっかり軌道修正してください。

Month Number 5

「5」の月は、少々羽目を外してもよいので、遊び心を持って過ごし
てみると、思わぬ成果が表れやすいでしょう。それには積極的に「変化」
を取り入れること。視野が広がると、何が必要で何が不必要なのか、は
っきりとわかるはずです。

Month Number 6

「9」の年の「6」の月の組み合わせとなる時期は、損だと思うような役割を進んで引き受けることが大切です。そうすることで最後のピースがはまり、今まで続けてきた努力が実るかもしれません。人のためになることを選択すれば、格段に前進できるタイミングだといえるでしょう。

Month Number 7

「7」の月は、追求していく気持ちを強く持つことが大切な時期です。もし現状に満足できない点があるならば、そこに焦点を合わせて、原因を突き詰めてみましょう。疑問が解消されることで、思いのほか実りの多い収穫を得られるはずです。

Month Number 8

「8」の月は、今まで何年もかけて挑んできたことの結果が、日の目を見る可能性が強い時期です。経済的な面への影響も大きく、それが、さらなるやる気につながる可能性も。飛躍的なステップアップが望めるタイミングといえるでしょう。

Month Number 9

「9」の月は、最も清算に向いている時期になります。何が大切で、残すべきものはどれなのか、しっかりと整理していきましょう。無駄な執着、古いものや考え、そういったものは手放すのが正解です。この時期の選択が、この先の幸運や成功に大きくつながっていきます。

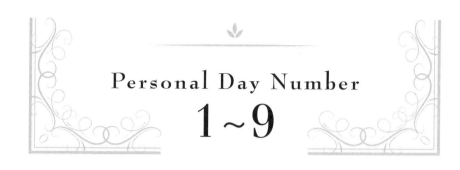

Personal Day Number
1~9

自分にとってある特定の日には、どんなテーマがあるかがわかります。

Day Number 1

パーソナル・デー・ナンバー「1」は、どんなことでもよいので「新しいこと」を意識し、取り入れて過ごしましょう。

例えば、新しい道、初めて行くお店、新商品のものなど、今までとは違うものを取り入れてみて。スタートのタイミングですから、この日が向こう9日間の流れを決めることになります。気持ちのよいスタートを切ることが、何より大切だといえるでしょう。

Day Number 2

パーソナル・デー・ナンバー「2」は、「コミュニケーション」を意識して過ごしましょう。

一人で過ごすのではなく、パートナーや友人と過ごしたり、誰かと一緒にご飯を食べたり。相談に乗るのもおすすめです。人と触れ合ったり、人の意見に耳を傾けることで、いろいろな化学変化が起こりやすい日になります。

Day Number 3

　パーソナル・デー・ナンバー「3」は、「楽しいと思うこと」に焦点を合わせ、積極的に関わっていきましょう。

　とにかく笑うことが運気を高めます。笑わせることも、運気が高まります。「笑う門には福来たる」を実感することで、一日が有意義なものになるでしょう。しっかりと心に栄養を蓄えて。

Day Number 4

　パーソナル・デー・ナンバー「4」は、「現実と向き合うこと」を意識して過ごす日にしましょう。

　ダイエットや節約など、「明日からやろう」と引き延ばさないこと。今日やるべきことは、今日着手することが大切です。着実な一歩を踏み出せば、その後の流れがスムーズになるでしょう。

Day Number 5

　パーソナル・デー・ナンバー「5」は、「小さな挑戦」をしてみたい日です。例えば、食べたことのないものを注文してみたり、いつもは着ない色を身につけたり。チャレンジする気持ちで、ちょっとした遊び心を取り入れると、一日が華やかになるでしょう。少し大胆になるのもおすすめ。決まり事を破ったり、ピンときた人にいきなり連絡を取ってみたり、ぜひ冒険してみて。

Day Number 6

　パーソナル・デー・ナンバー「6」は、「愛」と「正義」を意識して過ごしてみてください。相手の悩み事をしっかり聞いたり、必要だったら援助を申し出たり、愛あるアドバイスをしたり、あえて厳しいことを言ったり……。自分よりも相手を大切にする気持ちを持つことで、心が豊かになる一日となります。

Day Number 7

　パーソナル・デー・ナンバー「7」は、「静かに過ごすこと」を意識するとよいでしょう。例えば、読書したり、映画を観たり。一人で過ごす時間を作って、有意義に過ごしてみて。

　また、ヨガや瞑想をして、集中力や直感力を研ぎ澄ますのもおすすめです。この日は休息も大切。睡眠時間をしっかり確保し、ゆっくり休みましょう。

Day Number 8

　パーソナル・デー・ナンバー「8」は、どんなことでもよいので、「決断すること」を意識しましょう。

　迷っていることを決めるのでもよいですし、やりたいことを主張してみるのでも構いません。今日やると決めたことは、必ず着手しましょう。思い切りのよさもツキを呼びますので、ぜひ行動に移す日にしてください。

Day Number 9

　パーソナル・デー・ナンバー「9」は、「共感すること」を意識してみてください。苦手意識のある相手の話にも、しっかりと耳を傾け、その主張をちゃんと聞いてみましょう。自分の理解が深まることで視野がグンと広がります。

　また、この日を境に流れが変わっていきますので、物事に区切りをつけることも大切です。不要なものは手放しましょう。

Column

テーマカラーやパワーアイテム
などの活用法

　パーソナル・イヤー&マンス&デー・ナンバーが示すの
は運命周期ですが、どんな行動をすればよいのかを教えて
くれる「パワーアクション」ともいえます。

　そのほかにも、本書では、数字のエネルギーに調和する
カラーやストーン、アイテムや場所などをナンバー別に示
していますが（28ページ〜参照）、自分の数字（6つのコア・
ナンバーズ）に対応するものを積極的に取り入れると、そ
のエネルギーを味方につけやすくなります。

　例えば、全体運を上げたい場合や自分らしさを取り戻し
たいときは、ライフ・パス・ナンバーの数字に関連するテ
ーマカラーを自分の持ち物や服装に取り入れてみるのもよ
いでしょう。パワーアイテムを取り入れた時間を過ごした
り、パワープレイスに出かけたりするのもいいかもしれま
せん。また、面接や商談など、自分の強みを味方につけた
いときは、バースデー・ナンバーのパワーストーンをお守
りに身につけるのもおすすめです。

　このように、味方につけたいコア・ナンバーのテーマカ
ラーやパワーアイテムなどを取り入れて、数字のエネルギ
ーを意識してみましょう。

第6章

相性を読み解く

気になる人ができたとき、人間関係につまずいて悩んだとき、
数秘術が二人の相性について、よりよくなるヒントを示してくれます。
相性の読み解き方について、リーディング例を参考に学びましょう。

相性の鑑定について

3種類のコア・ナンバーズを使って
関係性別に相性をみる

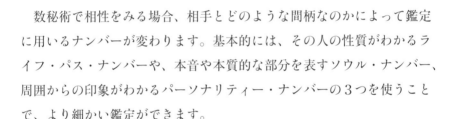

　数秘術で相性をみる場合、相手とどのような間柄なのかによって鑑定に用いるナンバーが変わります。基本的には、その人の性質がわかるライフ・パス・ナンバーや、本音や本質的な部分を表すソウル・ナンバー、周囲からの印象がわかるパーソナリティー・ナンバーの3つを使うことで、より細かい鑑定ができます。

　ライフ・パス・ナンバー同士の相性（250ページ〜）は、「二人の性質の相性をみる」鑑定です。性質は意識できる部分なので、人との関わり方の傾向を知る手がかりになり、相手の突出している分野、欠けている部分を把握することで、対人関係の改善にも役立ちます。

　また、ソウル・ナンバー同士の相性（274ページ〜）は、「二人の本質的な相性をみる」鑑定です。自分ではコントロールしにくい部分なので、「だからぶつかるのか」とか「どうりでご縁があるわけだ」など、なるほどと感じられる理由が隠れているともいえます。

　相性をみる上では、「ライフ・パス・ナンバー×ソウル・ナンバー」をチェックすることにも意味があり、関係性を知る手がかりとして有効です（309ページ）。同じ数字や価値観や感性が似ている数字同士は共鳴しやすい傾向があります。多角的に数字の相性をみていくと、より深い関係性を把握できるようになるでしょう。

恋愛・結婚運を鑑定する方法

使用するもの……ライフ・パス・ナンバー、ソウル・ナンバー、レーダーチャート（28〜39ページ）、相性表（41ページ）、軸となるもの（44ページ）

（1）自分と相手のライフ・パス・ナンバーを確認する

二人のライフ・パス・ナンバーを算出し、解説（48ページ〜）を見ながら、恋愛観・結婚観を探ります。キーワード、レーダーチャートを用いて、相手の特性も知っておくとよいでしょう。

（2）関係性が浅い相手との鑑定法

片思い中や付き合う前、付き合ってから間もないなど、関係性が浅い場合、まずはお互いのライフ・パス・ナンバーの相性表を確認しましょう。同じ数字や、似たような性質を持った数字同士の場合は、価値観や感性が近く、ぶつかることも少ないはず。逆に2つの数字に矛盾がある場合は、衝突が多くなるかもしれませんが、尊重し合うことで、お互いにない部分を補強し合える関係になることが可能です。

（3）関係性が深い相手との鑑定法

交際期間が長い場合や、結婚間近の相手、結婚後のパートナーとは、ライフ・パス・ナンバーをみた上で、ソウル・ナンバーでも相性をみると、より関係性を深く把握できるでしょう。ソウル・ナンバーは本質的な部分を表す数字なので、同じ数字同士や似たような性質を持つ数字同士の場合は、魂が共鳴しやすく、反発する面も含めて理解しやすい相手となります。

反対に、2つの数字に矛盾がある場合は、衝突することが多く、理解に苦しむことも増えそう。しかし、そもそもの本質が違うタイプなのだと知ることが大切です。相手に配慮しながら、無理強いすることなく相手を尊重できれば、ムダにぶつかることも減っていくでしょう。

友人・同僚（上司・部下）との相性をみる方法

> 使用するもの……ライフ・パス・ナンバー、パーソナリティー・ナンバー、場合によってはソウル・ナンバー、レーダーチャート（28〜39ページ）、相性表（41ページ）、軸となるもの（44ページ）

（1）自分と相手のライフ・パス・ナンバーを確認する

　二人のライフ・パス・ナンバーを算出し、解説（48ページ〜）を見て、人とどのように関わる性質なのかを探ります。

　また、キーワードやレーダーチャートを用いて、相手の性質や突出している分野、欠けている部分も知っておくとよいでしょう。

（2）自分と相手のパーソナリティー・ナンバーを確認する

　二人のパーソナリティー・ナンバーを算出し、解説（140ページ〜）を見ながら、お互いが周りからどんな風に見られているのかを探ります。自分はこんな人間だと思っていても、周囲からは違う目で見られている可能性もあります（同じように、相手のことを勝手に解釈している可能性もあるということです）。対人関係で悩みがある場合は、そのギャップに起因していることが、意外と多いのです。

　ギャップを知ることやどんな役割を期待されがちなのかを知ることができれば、どう発言し、行動するとよいのか、誤解を生まないのか、ということを知る手がかりとなるでしょう。

　さらに、周囲からの見られ方を利用して、実際とは違うけれども、あえてそのイメージに乗ってみる、という方法もあります。そうすることで、こじれていた人間関係がラクになるかもしれません。

　性質を表すライフ・パス・ナンバーと併せて、相手との今後の付き合い方を決めていくとよいでしょう。また、深い関係にある友人などは、ソウル・ナンバーをみていくことも参考になります。

親子・きょうだい関係の相性をみる方法

> 使用するもの……ライフ・パス・ナンバー、ソウル・ナンバー、レーダーチャート（28 〜 39ページ）、相性表（41ページ）、軸となるもの（44ページ）

（1）自分と相手のライフ・パス・ナンバーを確認する

　二人のライフ・パス・ナンバーを算出し、解説（48ページ〜）を見て、どのような性質なのかを探ります。

　また、キーワード、レーダーチャートを用いて、相手の性質や突出している分野、欠けている部分も知っておくとよいでしょう。家族であってもそれぞれが違う個性や性質を持つということを理解すると、接し方も工夫できるようになります。

（2）自分と相手のソウル・ナンバーを確認する

　二人のソウル・ナンバーを算出し、解説（126ページ〜）を見て、「本質」を探ります。相性（274ページ〜）も同時に確認しましょう。

　同じ数字や似たような性質を持っている場合は、言葉にしなくとも自然と相手の気持ちを理解しやすいはず。たとえ衝突しても、相手を全否定するようなことにはならないでしょう。

　しかし、数字同士に矛盾がある場合は、相手の主張をどうしても理解できないと感じることがあり、「私のほうが正しい！」と主張しがちです。そんなときは、二人の価値観に違いがあることを受け入れ、「そういう考え方もあるんだな」と歩み寄り、相手を尊重してみましょう。

　どちらが正しいと白黒をつけるのではなく、自分にはない考え方を受け入れることで、自身の大きな成長につながるといえます。ですから、相性が「よい・悪い」ということで一喜一憂するのではなく、そこからどういう関係性を築いていくのか、自身の人間力を磨くよいチャンスと捉えていきましょう。

Life Path Number 1 の相性

ライフ・パス・ナンバー「1」との相性

アクティブな意見交換がし合える関係。新しいアイデアや発想力に刺激を受けることが多くなりそうです。

お互い言いたいことを言うので、ときに衝突することもありますが、相手を尊重することを忘れなければ、前向きで発展的な議論ができるでしょう。

ライフ・パス・ナンバー「2」との相性

先を走る「1」のことを「2」はうまくフォローしてくれます。強気な意見を述べても、「2」のほうで合わせてくれるでしょう。ただ、感性の違いがありますので、強引にしすぎないように。「2」に対する気遣いを意識するだけで、関係が良好になります。

ライフ・パス・ナンバー「3」との相性

お互い陽気でポジティブなエネルギーを持つ組み合わせ。フットワークが軽く、好奇心旺盛な二人なので、楽しい計画はとんとん拍子に進めることができます。しかし、深刻な課題に取り組むことになると、ともに苦手な傾向があるため、困難を伴うでしょう。

ライフ・パス・ナンバー「4」との相性

「1」が無謀な提案や奇抜な意見を述べたとしても、「4」はそのアイデアを現実化するためのアドバイスやフォローをしてくれるでしょう。

シビアでクールな視点を持つ「4」に、辛辣な意見でたしなめられることも。なるべく反発せずに受け止めて。

ライフ・パス・ナンバー「5」との相性

興味を惹かれたり、楽しいと感じたりする点が似ているため、刺激があって一緒にいて飽きない関係になります。

しかし、「1」がリードしたくても、自由人である「5」はなかなか思い通りにはなりません。新しい世界を一緒に楽しむ相手として接しましょう。

ライフ・パス・ナンバー「6」との相性

正義感が強いところなど、似ている部分もありますが、物事の進め方が異なります。「1」が自分を前面に押し出すのに対し、「6」は相手を優先するタイプ。

根本的な考え方や、問題へのアプローチ法が違うことを、あらかじめ理解しておくとよいでしょう。

Life Path Number 1 × Life Path Number 1 ～ 33

ライフ・パス・ナンバー「7」との相性

「1」が行動派なのに対して、「7」は分析力や洞察力の鋭い知性派。アプローチ法はまったく違う二人です。ただ、ゴールに向けて邁進する姿勢には、お互い尊重できるものがあります。

自分にはない点を認めることで、よい刺激を受けることができるでしょう。

ライフ・パス・ナンバー「8」との相性

お互い、自分に自信があり、努力を惜しまないタイプ。二人の歯車が合うときは、強力なパワーが出せます。

しかし、「8」のタフさに嫉妬心を抱き始めると辛くなりそう。お互いの違いを受け入れ、尊重し、自分は自分と割り切ることが大切です。

ライフ・パス・ナンバー「9」との相性

「9」は「1」にとって、感性が違うからこそ、成長を促してくれる貴重な存在です。空回りして自分の才能を発揮できないときや、悩みがあるときの味方になってくれます。

「9」の受容力と穏やかな愛情は、「1」にとってオアシスとなるでしょう。

ライフ・パス・ナンバー「11」との相性

自立心旺盛で積極的な「1」は、一歩間違うと図々しく見えてしまうところがあります。繊細な「11」に対して、初対面からズケズケと踏み込んでしまうと、その後の関係性がスムーズにいかなくなることも。相手を尊重しながら関わっていくとよいでしょう。

ライフ・パス・ナンバー「22」との相性

「1」が猪突猛進型の行動派とするならば、「22」は強い意志と高い理想で前進する理論派タイプです。

価値観は違いますが、お互い強いエネルギーを持つ点では共通項があります。相手のいい点を見習う気持ちで接するとよいでしょう。

ライフ・パス・ナンバー「33」との相性

「1」が道を切り開いていく先駆者だとすると、「33」はホッと一息つかせてくれるヒーラーのような存在です。

役割は違いますが、補完し合うような関係性になると、お互いの成長につながるでしょう。価値観の違いを認めることがカギとなります。

Life Path Number 2 の相性

ライフ・パス・ナンバー「1」との相性

いつも周囲の状況を優先し、物事を進めることが多い「2」にとって、自分が思いつくままに行動する「1」は、ちょっと勝手な存在に映るかもしれません。

しかし、「1」に刺激を受けることは多く、ときには勇気も与えてくれる相手です。

ライフ・パス・ナンバー「2」との相性

どちらも調和型で、相手の意見を尊重するタイプ。衝突することはほとんどなさそうです。

しかし、どちらとも受け身になりがちなので、物事を進めていくときや、何かを決定しなければいけないときは、まごついてしまうことがあるかも。

ライフ・パス・ナンバー「3」との相性

いつも新しいことや楽しいことを率先して行う「3」を、「2」は羨ましく感じるかもしれません。

一緒にいると華やかな気持ちを味わえますが、テンポの速さや調子のよさに振り回されないよう注意して。自分を見失わないようにしましょう。

ライフ・パス・ナンバー「4」との相性

計画性を持って、ことを進めていく「4」は、「2」の理想を現実のものにしてくれる力強い相手となるでしょう。

ただし、少々融通の利かないところがあり、「4」の頑なになりがちな部分を「2」は柔軟性を発揮して、上手に寄り添い、受け入れる必要がありそうです。

ライフ・パス・ナンバー「5」との相性

型破りで自由な「5」の行動は、保守的な「2」にとって、感性の違いを感じつつも、まぶしく映りそうです。

とはいえ「5」が持ち合わせない「2」の共感力は、相手も学ぶことが多いはず。お互いを認め合うことができれば、いい補完関係になるでしょう。

ライフ・パス・ナンバー「6」との相性

どちらも、自分よりも他人を優先して行動するタイプで、馬が合います。

意見が食い違ったとしても、譲り合い、歩み寄ろうとするので、衝突するようなことはほぼないはず。「6」は頼られると嬉しいので、遠慮なく甘えることもできる貴重な相手でしょう。

Life Path Number 2 × Life Path Number 1〜33

ライフ・パス・ナンバー「7」との相性

クールで自分の世界観を持っている「7」には、近寄りがたい印象を持つかもしれません。でも、こちらから近づいていけば、心を開いてくれるでしょう。

とはいえ、干渉しすぎるとギクシャクする可能性も。必要以上に接するのは控え、一定の距離を保つのがベストです。

ライフ・パス・ナンバー「8」との相性

パワフルで影響力の大きい「8」は、「2」にとって、圧倒的な存在に映りそう。一緒にいると学ぶことが多く、尊敬の念を抱くでしょう。

しかし、下手に出すぎると、上下関係ができてしまい、窮屈な間柄に。遠慮のしすぎには注意しましょう。

ライフ・パス・ナンバー「9」との相性

お互い許容範囲が広いので、知識や情報の受け渡しがスムーズにいきます。

「9」のグローバルな視点や感性は、今までの常識を覆すほどのカルチャーショックになるかもしれません。新しい考え方を会得できる学びの多い相手となるでしょう。

ライフ・パス・ナンバー「11」との相性

「11」はルート・ナンバーにすると「2」になるので、価値観や感性などが似た者同士といえます。

「11」はスピリチュアルな感性が優れていて、感覚的に物事を判断するタイプ。そういう点を理解できるようになると、もっと距離が縮まっていくでしょう。

ライフ・パス・ナンバー「22」との相性

「22」には、理想を現実にするために、無理難題もこなすストイックさがあります。「2」はそんな姿をサポートしてあげたいと感じるかもしれません。「2」に寄り添われることで、少々頑固なところのある「22」も、穏やかになっていく可能性があるでしょう。

ライフ・パス・ナンバー「33」との相性

どちらも普段から、周りの人たちをフォローするのが上手な癒し系です。

「33」は特にヒーリング力が高いため、サポート役に回りがちな「2」も、心許せる相手でしょう。「33」の前では、穏やかな気持ちで、くつろげる時間を持てるはず。

Life Path Number 3 の相性

ライフ・パス・ナンバー「1」との相性

「3」にとって「1」は、一緒に楽しい時間を共有し、よき相棒にもなる相手。しかし両者とも調子に乗って暴走しがちなため、注意する必要があります。

重要な事項を決めかねているときなどは、「1」の持つ決断力に助けてもらうとよいかもしれません。

ライフ・パス・ナンバー「2」との相性

やや落ち着きに欠ける「3」ですが、受容性の高い「2」の前では、安らぐ時間を持てる可能性が。

「3」の他愛もない話に耳を傾けてくれる貴重な存在なので、ついグチったり甘えたりすることも。ただ、感性の違いは否めないところがあるでしょう。

ライフ・パス・ナンバー「3」との相性

お互い、クリエイティビティにあふれているので、タッグを組めば飛び抜けた発想力で楽しい企画を生み出すことができるでしょう。

しかし、持続力に欠けるため、ちょっとした難所で頓挫してしまうことも。成功させるには集中力を高める必要が。

ライフ・パス・ナンバー「4」との相性

実現する可能性が低くても面白いものには反応する「3」と、現実味がなければまったく乗り気にならない「4」。

相反する関係ですが、「3」に足りないものを持っているのは事実です。「4」の力が必要なときは、誠意を尽くして説得することが必須でしょう。

ライフ・パス・ナンバー「5」との相性

「5」の自由な発想力に「3」は大いに刺激を受けるはず。両者とも冒険心も強いため、力を合わせれば、豊かな創造力で、面白いことを成し遂げることができるでしょう。ただし、「5」は相当なマイペース。二人が飽きない方法を模索する必要があります。

ライフ・パス・ナンバー「6」との相性

そそっかしいところのある「3」を「6」はしっかりとケアしてくれる、ありがたい存在です。

ただし、距離が近くなればなるほど、「6」のフォローがおせっかいに感じるようになるかもしれません。感謝の気持ちを忘れないように接しましょう。

Life Path Number 3 × Life Path Number 1 〜 33

ライフ・パス・ナンバー「7」との相性

一つのことを掘り下げてじっくりと研究していくタイプの「7」は、「3」にはない知識やマニアックな情報を持っています。興味を惹かれて近づこうとしても、短時間では心を開いてくれない相手です。ゆっくりと時間をかけて付き合いを深めていくとよいでしょう。

ライフ・パス・ナンバー「8」との相性

「3」は、一つのことにあまり固執しないタイプなので、なんでもストイックに対応し、達成するまで邁進する「8」を、驚異的な存在に感じるかもしれません。

追い求めるものが違うけれど、異なる部分を尊重し合うことができれば、関係性も変わるでしょう。

ライフ・パス・ナンバー「9」との相性

さまざまなアイデアが浮かぶ「3」の背中を押してくれる存在の「9」。

否定せずに、さらに発展的なアドバイスなどもしてくれるため、より前向きになれ、嬉しい結果を生み出すことになりそうです。一緒にいて楽しく居心地のいい相手となるでしょう。

ライフ・パス・ナンバー「11」との相性

両者とも、世の中の動きを敏感にキャッチする能力に長けています。特に「11」はインスピレーション力が高いので、その直感力に、「3」は魅力を感じるでしょう。

不思議な感性に刺激をもらえる、学びの多い関係となります。

ライフ・パス・ナンバー「22」との相性

軽やかに生きる「3」にとって、ストイックな「22」の生き方は、少々重く見えるでしょう。

ただし、意志の強さや持続力は、「3」にとっては見習うべきこと。あえて関係を保って、学びを得ようとするといいかもしれません。

ライフ・パス・ナンバー「33」との相性

逃げ出したくなったときや、つまずいたときなど、優しく大きな愛で包んでくれるのが「33」です。

「3」が思いつかないようなアイデアで、思いがけないアドバイスもくれるため、何かあったときには、ぜひ相談してみるとよいでしょう。

Life Path Number 4の相性

ライフ・パス・ナンバー「1」との相性

　「4」が緻密に練ったプランを、「1」が動いて現実化する、といった役割分担が理想の形です。

　しかし、お互い、協調性に欠けるところがあるので、問題が発生すると妥協点を見出しにくいかも。尊重し合う気持ちを忘れないようにしましょう。

ライフ・パス・ナンバー「2」との相性

　どちらも保守的な傾向が強いため、新しいアイデアや斬新な発想を考え出すのは難しいかもしれません。

　「4」がコツコツと地道な作業を積み重ね、「2」がしっかりとフォローするというような組み合わせであれば、信頼を生み、良好な展開を期待できます。

ライフ・パス・ナンバー「3」との相性

　固定観念を持ちやすい「4」にとって、「3」の軽やかな発想力には、驚かされることも多いはず。

　気ままに見える「3」を認めたくない気持ちが生まれる可能性も。とはいえ、客観的に考えて、プラスになるものは、ぜひ受け入れていきましょう。

ライフ・パス・ナンバー「4」との相性

　両者とも堅実にまじめに物事を運ぶので、一緒に活動すれば一定のペースで成果を上げることが可能でしょう。

　しかし、一度型にはまると、そこからなかなか抜け出せなくなるので、発展性に欠けることも。第三者の意見を混ぜるようにするとよいかもしれません。

ライフ・パス・ナンバー「5」との相性

　現実的な考え方をする「4」と、自由を謳歌したい「5」では、思考回路や行動パターンに大きな乖離があります。

　しかし、だからこそ認め合い、補い合うことができれば、面白い化学反応が起こるでしょう。「違うタイプだから」と距離を取るのは、もったいないかも。

ライフ・パス・ナンバー「6」との相性

　頼られるとそれ以上の期待に応えようと頑張る「6」は、「4」にとって、スペシャルサポーターのような役割を担ってくれるかもしれません。

　不安要素を相談すれば、力強いアドバイスとともに、的確なサポートをしてくれるでしょう。

Life Path Number 4 × Life Path Number 1〜33

ライフ・パス・ナンバー「7」との相性

「7」の鋭い観察力やこだわりある視点に、「4」は多くの気づきを得られるはず。

ただ、お互い積極性に欠けるため、距離が縮まりにくいかも。意識的に関わることで、少しずつ打ち解けるでしょう。よりよく生きるヒントももらえそう。

ライフ・パス・ナンバー「8」との相性

両者とも現実的な視点を持っていて、目指す方向やアプローチ法が似ています。理解し合える関係だといえるでしょう。

「8」は実現力にも優れているので、「4」の希望を叶えるために惜しみなく動くはず。積極的に感謝と賞賛を伝えるのが、さらに良好な関係を保つ秘訣です。

ライフ・パス・ナンバー「9」との相性

人に弱みを見せることが苦手な「4」ですが、「9」の前では、思わず弱音やグチを吐いてしまうことが。

それは、「9」の持つ大らかさゆえかもしれません。ただ、感性の違いが浮き彫りになることも。そこに学びがあると思って接していきましょう。

ライフ・パス・ナンバー「11」との相性

現実的な「4」と空想的な「11」。近寄り難い相手に感じるかもしれません。「4」にとっては「11」の感性が、捉えどころのないものに映る可能性大。

しかし、異質な二人だからこそ、学ぶことはたくさんあります。抵抗を示すのではなく、理解を示す努力が必要です。

ライフ・パス・ナンバー「22」との相性

「22」はルート・ナンバーにすると「4」です。似通った性質を持ち合わせており、理解し合える間柄になるでしょう。

強靭な意志力を持ってゴールに向けて邁進する「22」。そのパワーに「4」は圧倒されながらも、多くを学ぶことができるはずです。

ライフ・パス・ナンバー「33」との相性

形式や秩序を重んじる「4」からすると、つかみどころのない天然キャラである「33」は、理解しにくい存在です。

とはいえ、学ぶことは多々あります。一緒にいると、自分の器が小さいと感じることも。自分にない視点を、自ら発見できることもあるでしょう。

Life Path Number 5の相性

ライフ・パス・ナンバー「1」との相性

変化への適応力がともに高く、一緒にいて心地よい二人。ですが、「5」は興味の赴くまま自由に動き回り、「1」はゴール目指して突き進むタイプなので、気づいたら別の場所にいた、ということが起こりそう。必要なときは、歩調を合わせるべく、マメに連絡を取り合って。

ライフ・パス・ナンバー「2」との相性

いつも周囲に気を遣い、うまくまとめようと努力する「2」。「5」は自分にはできない行動だ、と感心することがあるでしょう。実際、細やかな感性に触れてみると、心地よく、安らぎに似た感覚を覚えることも。感性の違いはあるものの、見習うことが多い相手といえそうです。

ライフ・パス・ナンバー「3」との相性

両者ともポジティブに物事を考えることができるため、たとえトラブルにあったとしても、あまり意に介せずに進めていくことができるでしょう。力を合わせれば最強ともいえる組み合わせ。

また、「3」の情報力や人脈の広さに、助けられることもありそうです。

ライフ・パス・ナンバー「4」との相性

自由気ままがモットーの「5」からすると、堅実で地道な「4」は、少々面白みに欠ける傾向が。

けれども「5」にとって、緻密な計画を立てることや、ゴールまで堅実にたどり着く「4」の要素は、大いに学んだほうがよい面だといえるでしょう。

ライフ・パス・ナンバー「5」との相性

恐れを知らず、守りに入ることのない二人が組めば、今までにない面白いことを考え出すでしょう。周囲は、その突拍子もない発想に驚き、賞賛します。

しかし、飽きっぽい性格がやや難点。執着しないのはよいのですが、大成しないうちに興味の対象が変わる可能性も。

ライフ・パス・ナンバー「6」との相性

興味の惹かれるままに行動する「5」を、見守るように接する「6」。持ち前の正義感で、よきアドバイスをくれます。

距離が近くなると、「6」の世話焼きが煩わしく感じるかもしれませんが、失敗から守ろうとしてくれる好意だと理解すれば、見方も変わってくるでしょう。

Life Path Number 5 × Life Path Number 1〜33

ライフ・パス・ナンバー「7」との相性

　お互い他人に干渉しないたちなので、自身の世界観を生きることになります。ですから、親密になることも少なく、一定の距離感を保つことになるでしょう。

　一つのことを掘り下げていく「7」の姿勢は、飽きっぽい「5」にとっては見習うべきところです。

ライフ・パス・ナンバー「8」との相性

　思い切りのよさは、二者の共通点となり、行き詰まったときや難しい選択を迫られたときに、協力し合うことさえできれば、困難を抜け出せるでしょう。

　また、ストイックな面の強い「8」からは、忍耐力や達成するための努力を学べるはずです。苦手意識をぜひ捨てて。

ライフ・パス・ナンバー「9」との相性

　グローバルな視点を持ち、受容力の高い「9」は、自由に生きる「5」を受け入れ、理解を示す寛大さがあります。「9」に対し、憧れに近い感情を持つかも。

　とはいえ、感性の違いが浮き彫りになることも。歩調を合わせる意識を持ちましょう。

ライフ・パス・ナンバー「11」との相性

　お互いに自分の世界を大事にするタイプ。興味のあることでない限り、積極的に深入りすることはなさそうです。

　ただ、「11」のインスピレーションには、興味をそそられることも。思いがけないところで刺激を受けることがあるでしょう。視野を広げるにはよい相手です。

ライフ・パス・ナンバー「22」との相性

　一つのことに固執しない「5」にとって、これと決めたら必ず実現させる力を持った「22」は、少々敬遠したくなる相手となりそうです。

　しかし、「22」と向き合うことは、自身の飽きっぽさを克服するよい機会となるはず。ぜひ見習いましょう。

ライフ・パス・ナンバー「33」との相性

　好奇心のままに動き回る「5」を、「33」は温かい目で見守り、そしてサポートしてくれます。その大きな愛情に、つい甘えて自分の飽きっぽさを正当化してしまうことが。たまにグチを聞いてもらうのは構いませんが、頼りすぎないようにしましょう。

Life Path Number 6 の相性

ライフ・パス・ナンバー「1」との相性

周囲とのバランスを大切にする「6」にとって、常に先頭に立とうとする「1」は、なかなか手強い相手です。

「1」のまっすぐな情熱が魅力的に見えることもありますが、考え方は異なりそう。とはいえ、積極性や切り開く姿勢を学ぶには絶好の相手となるでしょう。

ライフ・パス・ナンバー「2」との相性

人の意見をよく聞き、和を大切にする姿勢は両者に共通します。ともに共感力が高く、支え合っていけるでしょう。

ただし、どちらも保守的な傾向があるため、合うだろうなと感じながらも積極的な交流がなかなか持てない可能性あり。最初の一歩を踏み出す勇気が必要です。

ライフ・パス・ナンバー「3」との相性

頭の回転が速く、流行に敏感な「3」がもたらす情報は、「6」にとって興味深いものとなるはず。興味の対象が違うため、新鮮に映るでしょう。ただ、安易な方向に引き寄せられる「3」に、どうしても世話を焼きたくなりそう。適度な距離を保つことが良好な関係の秘訣に。

ライフ・パス・ナンバー「4」との相性

何事にも慎重で、しっかりと管理をしていく「4」。一緒にいると「6」は安心できるでしょう。バランスのよい組み合わせとなり、決まった目標に向け、手を携えて前進していけます。

「4」を心から信頼することが、関係を良好にキープするポイントです。

ライフ・パス・ナンバー「5」との相性

冒険心があり自由気ままに行動する「5」に、「6」はハラハラドキドキ、つい口出ししたくなるでしょう。

でも、そもそもの価値観が違うので、危なっかしさを忠告したりすると、衝突してしまうことも。自分とは考え方が違うのだと認識することが大切です。

ライフ・パス・ナンバー「6」との相性

相手への配慮を忘れることがないしっかり者同士。ぶつかることも少なく心地よい関係を作ることができるでしょう。

とはいえ、最初のうちは遠慮しすぎて距離が縮まらない傾向があります。距離が縮まると、気が合いすぎておしゃべりが止まらなくなるような関係に。

Life Path Number 6 × Life Path Number 1 〜 33

ライフ・パス・ナンバー「7」との相性

両者とも繊細なところがあるため、なかなか心を開きにくい組み合わせといえるかもしれません。

一定の距離を保ちつつも、長い時間を共有すれば、徐々に心を許せる部分も多くなります。焦らず気長に付き合っていきましょう。

ライフ・パス・ナンバー「8」との相性

いつもお世話をする側の「6」ですが、マネジメント能力の高い「8」の前では、助けられる機会が多くあるでしょう。

迷ったときや、トラブルにあったときに、いち早く助けてくれるのも「8」になる可能性が。安心できる頼もしい存在といえそうです。

ライフ・パス・ナンバー「9」との相性

包容力が高い「9」は、「6」の努力や気遣いを理解して認めてくれるため、とても心地よい関係となるでしょう。

感性も考え方もなじみやすいため、一緒にいると穏やかな時間を共有できそう。協力し合うことで、周囲にもよい影響を与えることができます。

ライフ・パス・ナンバー「11」との相性

面倒見のよい「6」にとって、直感ですぐに動く「11」は、目をかけたくなる相手です。自分が守らなきゃいけないという気持ちが起きやすいでしょう。ふわふわしがちな「11」にとっても、「6」は頼れる存在。一緒にいて安心できる組み合わせといえそうです。

ライフ・パス・ナンバー「22」との相性

カリスマ性のある「22」は、「6」にとって一見近寄りがたい存在に思えます。

けれども、付き合いが長くなると、母性的な感覚を持つ「6」の前で、弱みを見せるようになるでしょう。頼りにされることで、「6」も「22」に対して、親近感が増しそうです。

ライフ・パス・ナンバー「33」との相性

「33」はルート・ナンバーにすると「6」です。似通った性質を持ち合わせており、理解し合える間柄になりそうです。

「33」には、強い無償の愛がありますから、遠慮することなく甘えることもできるでしょう。疲れたときに、癒される存在となりそうです。

Life Path Number 7 の相性

ライフ・パス・ナンバー「1」との相性

知性派である「7」にとって、行動派である「1」は、まったく違うタイプに映るかもしれません。

とはいえ、自分の資質とは正反対の性質を持つ相手として、お互いをちゃんと認め合うことができれば、協力体制を作ることができるでしょう。

ライフ・パス・ナンバー「2」との相性

両者とも受け身タイプなので、どちらかが積極的に会話を交わし、歩み寄らないと、距離が縮まらないかもしれません。

「2」は人に合わせる傾向が強いため、「7」にとっては「2」の本音がなかなか見えず、理解するのに時間がかかると感じるのでしょう。

ライフ・パス・ナンバー「3」との相性

専門性の高い研究が得意なものの、うまくアピールをするのが苦手な「7」にとって、表現力豊かな「3」から学ぶことは多そうです。雰囲気や話す内容など、異質な関係ではありますが、根気よく付き合っていくことで、人を惹きつける術を学ぶことができるでしょう。

ライフ・パス・ナンバー「4」との相性

「4」の現実的な考え方は、どんな場面においても見習いたいところが多いでしょう。

しかし、どちらも積極的に動くタイプではないので、関係を深めるのに時間がかかりそう。自分から仲良くなるきっかけを探してみるとよいかも。

ライフ・パス・ナンバー「5」との相性

好奇心旺盛という意味では共通項がある二人。とはいえ、しっかりとリサーチする「7」からすると、思いつくまま飛びつく「5」を、理解不能と感じるかも。アプローチ法がまるで違うので、学ぶべきところと、距離を置くところの線引きはあったほうがうまくいきそう。

ライフ・パス・ナンバー「6」との相性

一人でいる時間の多い「7」は、思いやりのある言葉をかけてくれる「6」の気持ちが嬉しく、つい弱みを見せたくなることがあるでしょう。とはいえ、「6」の世話好きに火がつくとおせっかいに感じてしまうことが。息苦しくなる前に、一定の距離を保つことが必要に。

Life Path Number 7 × Life Path Number 1〜33

ライフ・パス・ナンバー「7」との相性

お互いに、独自の世界観を持っているため、内容がリンクしない限り、それぞれの道をいく可能性があります。

一緒に仕事をすれば、そこから共通項を見つけることもできますが、似ている者同士、意見の対立やライバル心が芽生える、なんてこともあるでしょう。

ライフ・パス・ナンバー「8」との相性

一つのことを深く掘り下げていくことが得意な「7」。それをビジネスシーンで生かしたい場合は、「8」の力を借りるとうまくいくかもしれません。

感性が違うからこそ、「7」には足りない要素を学べる相手。パワフルさや現実的なノウハウをじっくりと観察して。

ライフ・パス・ナンバー「9」との相性

クールで一人の時間を大切にする傾向が強い「7」。近寄りがたい存在に思われがちですが、「9」は高い共感力を持って近づいてきてくれるでしょう。

また、鋭い分析力や専門性の高い知識を持つ「7」を「9」は高く評価してくれるため、心地よい存在になりそうです。

ライフ・パス・ナンバー「11」との相性

データや資料などからしっかりと裏付けを取って研究するのが得意な「7」。直感力を頼りに動く「11」は、驚きに値する存在かも。最初は様子を見るだけですが、身近でそのインスピレーションの精度を感じると、徐々に信頼を寄せることとなるでしょう。

ライフ・パス・ナンバー「22」との相性

クールな「7」とエネルギッシュな「22」は一見相反しているように感じられるかもしれませんが、真理を追い求める気持ちは共通しています。

同じゴールを目指すときは、アプローチ法は違っても、協力し合ってよい成果を出すことができそうです。

ライフ・パス・ナンバー「33」との相性

独自の感性を持ち、捉えどころのない「33」は、理詰めで考えたい「7」からすると不思議な存在に感じられるかもしれません。

しかし、一緒にいると、自然に「33」の人を癒すオーラに魅了され、理屈抜きで惹かれている自分を感じるでしょう。

Life Path Number 8の相性

ライフ・パス・ナンバー「1」との相性

ともに前へ前へと進んでいくパワーを持つ二人。衝突しないためには、「1」をコントロールしようとしないことが大切です。

よいところは言葉に出して褒めましょう。お互いを認め合うことで、強い協力体制を敷けるようになるはず。

ライフ・パス・ナンバー「2」との相性

協調性があり、柔軟な対応をしてくれる「2」ですから、「8」にとっては居心地のよい相手となるでしょう。

ただし、もともと圧倒的な存在感を持ちやすい「8」なので、「2」を萎縮させないように。言葉遣いや態度には配慮することが大切です。

ライフ・パス・ナンバー「3」との相性

ストイックな「8」からすると、楽観主義者の「3」が、少し軽い存在に見えるかもしれません。

しかし、柔軟性があり、何事も楽しむ才能がある、とよい面に注目してみて。「8」のリードで、適材適所のポジションを与えると活躍してくれそうです。

ライフ・パス・ナンバー「4」との相性

両者とも、努力を惜しまないリアリスト。タッグを組めば確実で大きな成果を出すことができるでしょう。「4」が具体的なプランを立て、「8」がそれをきっちりと遂行していく、といった役割分担ができれば完璧です。「4」に対しては、高圧的な態度も封印できそう。

ライフ・パス・ナンバー「5」との相性

考え方に違いはありますが、両者ともにチャレンジ精神を持ち、積極的に動くことが得意です。「5」は無謀と思われることにも大胆にトライするタイプで、「8」は現実的に計算してから動くタイプ。「5」の軽やかなスタンスを認めることができればうまくいく可能性も。

ライフ・パス・ナンバー「6」との相性

社会的役割を見ると、「8」はパワフルに働いて社会に還元し、「6」は人に寄り添うことで貢献するタイプです。

両者とも、他者のために動くことが念頭にあります。アプローチ法は違っても、よき理解者として、ともに手を携えていくことができるでしょう。

Life Path Number 8 × Life Path Number 1〜33

ライフ・パス・ナンバー「7」との相性

本物志向の「8」にとって、研究熱心で隙がなく、緻密に仕事をこなす「7」は、信頼できる相手となります。

感性が違っても、「7」の持つ姿勢や知識は、「8」が活動をする上でプラスとなることが多いでしょう。自ら積極的にコミュニケーションを取ることが大事。

ライフ・パス・ナンバー「8」との相性

お互いに野心を秘めた負けん気の強い二人。「8」同士は、一度言い出したら引かないため、もし方向性が違った場合は、決裂する可能性もあります。

自信があるのはお互い様なので、一つ通したら一つ譲る、といった気持ちを持つことが付き合いのコツになるでしょう。

ライフ・パス・ナンバー「9」との相性

一つの目標に向けて気負いがちな「8」にとって、人を癒す「9」の前では、リラックスできることも。ただし、考え方には大きな差があります。

寛大な心を持ち、ヒーリングパワーを持って接してくれることに感謝の気持ちを忘れないようにしましょう。

ライフ・パス・ナンバー「11」との相性

現実的に前を見て猛進する「8」からすると、「11」は少々繊細で空想的。不思議な印象を持つかもしれません。

異色の組み合わせですが、違うからこそ学びも多くあると考え、「11」のインスピレーションや、細やかな感性を尊重するようにしましょう。

ライフ・パス・ナンバー「22」との相性

二人ともパワーがみなぎり、合理主義的なところが似ています。同じ目標に向かって行動すると、切磋琢磨し合える、相性のとてもよい相手となるでしょう。

しかし、一度ぶつかると、両者ともに折れません。お互いの意見とプライドを十分に尊重する必要があります。

ライフ・パス・ナンバー「33」との相性

独自の感性を持つ「33」を、「8」は理解しにくい相手と感じそう。主導権を握ろうとするとうまくいかないので、まずは考え方の違いを認めましょう。

また、相手の才能を尊重して接することが、関係を良好に保つ秘訣となります。自分の考えを押しつけないように。

Life Path Number 9の相性

ライフ・パス・ナンバー「1」との相性

バイタリティーあふれる「1」の行動力は見習うべきですが、行きすぎると自己中心的になったり、協調性に欠けたりする点があるため、「9」は手を焼くことになるかもしれません。

マメに声かけをして、上手にサポートしていくように心がけましょう。

ライフ・パス・ナンバー「2」との相性

違いを尊重することができる二人なので、なじみやすいでしょう。違和感なく一緒にいることができそうです。

ただ、「2」は遠慮しがちな性格なので、距離を縮めたいと思ったときは、「9」から声がけを。意見を引き出すようにしてあげると、「2」も心がラクに。

ライフ・パス・ナンバー「3」との相性

思考回路や趣味の傾向など、方向性が異なる二人ですが、つまらないこだわりなどなく、広い視野を持っている点では居心地のよい組み合わせです。

周囲を楽しくするようなアイデアをたくさん持っている「3」から、発想法を学ぶのもよいでしょう。

ライフ・パス・ナンバー「4」との相性

理想論や精神論に走りがちな「9」にとって、「4」の現実的なところは新鮮に感じるでしょう。プランを実行するとき、「4」がそばにいてくれると、リスクが回避でき、ありがたい面も。

ただ、どうしても感性が違うため、長時間一緒だと息苦しいかもしれません。

ライフ・パス・ナンバー「5」との相性

他愛のないものにでも面白みを感じてすぐに興味を示し、トライする「5」。「9」にとっては、少し子供っぽく見えるかもしれません。見ている世界が違うため、感性も異なります。でも、そこには自分の知らない大きな学びがあるかも。視野を広げるつもりで歩み寄ってみましょう。

ライフ・パス・ナンバー「6」との相性

「6」の持つ愛情の深さに「9」は安心感を覚えます。「9」の広い心で包まれると「6」も嬉しいはず。一緒にいて居心地のよい組み合わせとなるでしょう。

ただし、「6」の正義感が強すぎると、逃げ出したくなることも。うまく付き合うには「9」のルーズな面を封印して。

Life Path Number 9 × Life Path Number 1〜33

ライフ・パス・ナンバー「7」との相性

「7」の持つ専門的な知識や深い洞察力に「9」は尊敬の念を持ち、一方、グローバルな視点で物事を考える「9」に対して「7」は魅力を感じるようです。

時間がかかっても、素直に双方のよさを認めることができるため、ギブ&テイクの関係が成り立つでしょう。

ライフ・パス・ナンバー「8」との相性

「8」の存在感の大きさ、パワフルさは、「9」にとってまぶしく、魅力的に思えるでしょう。けれども、距離が近くなると、押しの強さや強引なやり方に、ついていけない気持ちになることも。

空気に飲まれずに、思ったことはきちんと発言するようにしてみましょう。

ライフ・パス・ナンバー「9」との相性

両者とも穏やかな平和主義者。共感力が高く、ほどよく相手を立てるので、心地よい関係が自然に成り立ちます。

また、お互いに長所を見つけ出し、褒め合うことで、共に成長する良好な組み合わせといえるでしょう。ただし、両者ともにルーズな面があるのは否めません。

ライフ・パス・ナンバー「11」との相性

両者とも感受性が強く、「いいな」と感じるものが似ている傾向があります。共感できることが多いので、一緒にいて心地よいでしょう。

「9」のルーズな面と、「11」の神経質な面が強く出るときは、上手に距離を保つことが、よりうまくいくコツです。

ライフ・パス・ナンバー「22」との相性

ルーズな面のある「9」からすると、現実的でしっかり者の「22」は、少し厳しく重い存在に感じてしまうことが。逃げ出したくなるかもしれませんが、自分に欠けている部分を補うつもりで接すると、新たな発見があり、成長することができるでしょう。

ライフ・パス・ナンバー「33」との相性

愛があふれる二人なので、一緒にいると心が穏やかでいられるでしょう。

「33」はマスター・ナンバーで、人を癒す力も絶大。普段は人を受け入れることが多い「9」ですが、「33」の前では、その広い心に、安心して身を任せることができそうです。

Life Path Number 11の相性

ライフ・パス・ナンバー「1」との相性

　繊細で調和を大事にする「11」にとって、自立心が旺盛な「1」は、価値観が違う存在に見えるでしょう。

　異なるタイプではありますが、自分を信じて突き進む行動力は見習うべきところです。足りないところを補う関係と捉え、接するようにしてみましょう。

ライフ・パス・ナンバー「2」との相性

　「11」はルート・ナンバーにすると「2」になります。似通った性質を持ち合わせていて、スムーズに理解し合える間柄といえます。両者とも調和を大事にするタイプですが、「2」の愛ある歩み寄りに、「11」は気負うことなく、より自然体でいられることでしょう。

ライフ・パス・ナンバー「3」との相性

　「3」の明るいオーラが、「11」にはとても心地よいものとなるでしょう。トラブルにあっても、ポジティブに「なんとかなるさ」という姿勢で乗り切ろうとする「3」の姿勢に、多くを学ぶはず。

　一緒にいるだけで元気をもらえる、そんな関係になりそうです。

ライフ・パス・ナンバー「4」との相性

　論理的思考を大事にする「4」と、理屈抜きの直感で生きる「11」では、一見相容れない関係に感じるかもしれません。

　しかし、うまくことを運ぶには、その両面があって成功することが多いもの。「4」の慎重な姿勢を取り入れて、物事を進めていくとよいでしょう。

ライフ・パス・ナンバー「5」との相性

　感性が違うため、お互いあまり干渉もせず衝突も起きませんが、深い付き合いにはなりにくい間柄といえそうです。

　一緒にいても問題ありませんが、重要な決断をするときなど、直感で得たお互いの答えが違うと、「11」は不安を覚えるかもしれません。

ライフ・パス・ナンバー「6」との相性

　頼りがいのある「6」を前にすると、「11」は甘えることができて、ホッとする気持ちを持てそうです。「6」も頼られると張り切るタイプなので、よい相互関係ができるでしょう。

　ただ、神経質になっているときは、「6」の正義感を重たく感じる可能性も。

Life Path Number 11 × Life Path Number 1～33

ライフ・パス・ナンバー「7」との相性

会った瞬間に、ピンとくるものを感じるかも。ただ、お互い神経質なところがあるので、相手の領域に入っていくのが得意ではありません。距離を縮めるには、何かきっかけが必要となるでしょう。

とはいえ、深い部分で共鳴することが多く、相性はなかなかよいといえます。

ライフ・パス・ナンバー「8」との相性

タフで自信家の「8」とは、考え方が異なります。「11」からすると、扱いにくいタイプに感じるかもしれません。

でも、「8」から学ぶことは多々あります。まずは現実的な面、そして力強い実行力です。違いを受け入れ、相手を尊重する気持ちを大切にしましょう。

ライフ・パス・ナンバー「9」との相性

両者とも共感力があり、感覚的な部分を大切にするという意味で、似た者同士といえるでしょう。一緒にいてラクな組み合わせです。

寛大な心を持つ「9」に「11」は癒されますが、「9」の誰にでも優しい部分が少し気にかかるかもしれません。

ライフ・パス・ナンバー「11」との相性

お互いに、直感力に優れていて、内に秘めるエネルギーが同質です。

感覚的な「好き嫌い」が同じだったり、行動パターンが似ていたり、といった共通点も。スピリチュアルな部分でも共鳴しやすく、何も言わなくてもわかり合える部分が大きいでしょう。

ライフ・パス・ナンバー「22」との相性

「22」は確かなビジョンを持って、理想を現実にするほどのパワーを持った人。スピリチュアルな感性も持ち合わせているので、「11」は「22」を尊敬できるでしょう。「22」の強い意志力は取り入れたい部分ですが、時折見せる「22」の執着心には、戸惑ってしまうかも。

ライフ・パス・ナンバー「33」との相性

感性豊かで、神秘的なものに縁のある二人。表面上では一見、距離があるように見えるかもしれませんが、お互いにシンパシーを感じる間柄です。

「33」の独自の個性が強く出ると、戸惑うこともありますが、基本的にバランスのよい組み合わせといえるでしょう。

269

Life Path Number 22の相性

ライフ・パス・ナンバー「1」との相性

お互いパワフルに前進していくタイプ。自ら問題を解決しようという意気込みはすばらしいのですが、トラブルが起きたときがやや心配。双方のやり方に違いがあると、関係をこじらせてしまう可能性が。「1」のやり方を否定せず、尊重する気持ちを持つとよいでしょう。

ライフ・パス・ナンバー「2」との相性

調和を大切にする「2」と、目的達成のためなら信念を貫き通す「22」。なかなか異質な組み合わせですが、相違を認めることは、相手を認めることにもつながります。「2」をコントロールしようとせずに、広い心を持って接すると、関係性がよくなるでしょう。

ライフ・パス・ナンバー「3」との相性

強い信念と意志力を持った「22」からすると、楽観主義者の「3」は異質な存在に思えるでしょう。「3」は衝突を好みませんので、ぶつかることは少なくても、意思の疎通は難しいかも。でも、「3」のフットワークの軽さやユーモアには、見習うところがあるでしょう。

ライフ・パス・ナンバー「4」との相性

「22」はルート・ナンバーにすると「4」です。似通った性質を持ち合わせていて、理解し合える間柄になるでしょう。

まじめで実直な二人ですから、信頼関係はすぐにできて、心置きなく付き合える相手となります。目指すゴールが同じなら、最強のパートナーになるでしょう。

ライフ・パス・ナンバー「5」との相性

自分の気分を優先し、自由気ままに進む「5」。計算し尽くしたプランに基づいて駒を進める「22」からすると、理解できないこともありそうです。とはいえ、羨ましく思うこともあるはず。

自分の価値観を押しつけることなく、お互いの違いを受け入れましょう。

ライフ・パス・ナンバー「6」との相性

タフな「22」はなかなかグチを吐きませんが、距離が近くなると、「6」の前では弱みを見せやすい傾向に。頼みごとをしたり、世話焼きをお願いしたりすることもありそうです。

ただ、お互いに執着心が強いので、関係が深くなると束縛したくなる可能性が。

Life Path Number 22 × Life Path Number 1〜33

ライフ・パス・ナンバー「7」との相性

プランを成功に導くためには、緻密で研究熱心な「7」の存在が欠かせません。不可能を可能にするために、「7」のような専門性の高い人材がブレーンにいると助かるでしょう。

公私共に、自分にない部分を補ってくれるパートナーとなりそうです。

ライフ・パス・ナンバー「8」との相性

お互い自信があり野心家なため、似た者同士といえます。夢を語ると、豪快な規模の話になる可能性も。一緒にいて楽しい相手ですが、実際、同じプロジェクトを引っ張っていくとなると、船頭が二人いるような状態に。謙虚さを発揮できれば、うまくいく組み合わせでしょう。

ライフ・パス・ナンバー「9」との相性

目標に向かって邁進する「22」は、パワフルに活動する分、ストレスもたまりやすい傾向にあります。

そんなとき、「9」は愛にあふれた言動で癒してくれるので、素直に甘えましょう。「9」への感謝を忘れなければ、長く続く組み合わせといえそうです。

ライフ・パス・ナンバー「11」との相性

マスター・ナンバー同士である両者にはスピリチュアルな面があり、伝導者としての共通の使命があります。タフで活動的な「22」からすると、「11」は繊細なイメージで、異種に感じるかもしれません。長い時間をかけて付き合っていくとわかり合えるでしょう。

ライフ・パス・ナンバー「22」との相性

両者とも強烈なエネルギーを持ったカリスマ同士。考え方や行動パターンが似ているため、理解し合えるのですが、一度ぶつかると、お互いに譲らない傾向が強いでしょう。

相手を尊重し、謙虚さを持つことが大事。妥協点を見出す努力も必要です。

ライフ・パス・ナンバー「33」との相性

パワフルな「22」からすると、おっとりとした雰囲気を持つ「33」は、タイプが違う人間に映るでしょう。

目指す道は違っても、両者ともスケールが大きいという共通項があるため、深い話をしてみたら、刺激を与え合える仲に発展するかもしれません。

Life Path Number 33 の相性

ライフ・パス・ナンバー「1」との相性

　自分の考えをしっかりと主張する「1」と、自分はさておき周囲にとって何がベストかを考える「33」では、価値基準がそもそも違います。

　どちらかが正しいわけではないので、相手の考え方を認めることが、二人にとって成長のカギとなるでしょう。

ライフ・パス・ナンバー「2」との相性

　地位やお金よりも、愛や友情などの人間関係を重視して生きている二人。人と争ってまでも、何かを手にしたいとは考えないタイプですから、ぶつかることもなく、穏やかな関係を築くことができそうです。深く関わっていなくても、共鳴し合える部分を持っているでしょう。

ライフ・パス・ナンバー「3」との相性

　明るくのびのびと活動する「3」を、「33」は応援したくなり、サポーターのような気持ちになるかもしれません。

　有意義な情報を提供してくれたり、一緒に楽しむ企画を持ちかけてくれたりする「3」とは、共に充実した時間を過ごすことができる間柄となりそうです。

ライフ・パス・ナンバー「4」との相性

　形式やルールなどを重んじる「4」のことを、独自の感性で生きる「33」は、少し堅苦しい人と感じるかもしれません。

　しかし、「4」から学ぶ現実的なところや堅実さは、社会で生きていく上で必要な側面です。学びの多い相手として接してみましょう。

ライフ・パス・ナンバー「5」との相性

　自由なフィールドで過ごしたい二人。お互いに刺激を受け合うことができる組み合わせです。束縛もせず、相性も良好ですが、お互いが好き勝手にしていると一緒にいる意味を見出せなくなる可能性も。二人だからこそできる共通のものを見つけると、もっとうまくいくでしょう。

ライフ・パス・ナンバー「6」との相性

　「33」はルート・ナンバーにすると「6」です。似通った性質を持ち合わせていて、理解し合える間柄になるでしょう。

　「33」が独自の感性で周りにお構いなく行動すると「6」を心配させます。「6」に気を遣わせすぎないよう注意すると、関係がもっとよくなるはずです。

Life Path Number 33 × Life Path Number 1～33

ライフ・パス・ナンバー「7」との相性

感性が豊かな「33」は感情を表に出すタイプですが、「7」は感情を表に出すことがやや苦手。最初は距離が縮まりにくいかもしれません。

とはいえ、何度も関わっていくうちに打ち解けることができるでしょう。「7」の理性的な姿勢から学ぶことも多いはず。

ライフ・パス・ナンバー「8」との相性

無邪気さが残る「33」からすると、野心的な「8」は威圧感があり、価値観の異なる相手でしょう。「8」が主導権を握ろうとするため、窮屈な思いをするかもしれません。とはいえ、委ねられるところは任せてしまうのも手。発想を転換してうまく付き合っていきましょう。

ライフ・パス・ナンバー「9」との相性

愛を軸にしている点で、似ている二人。お互いに癒される存在です。また、「9」はドラマティックな展開も好んで受け入れてくれるので、思いのままを素直に表現してみるとよいでしょう。

苦難に遭うと逃げたくなる「9」ですが、「33」の大きな愛で受け止めてあげて。

ライフ・パス・ナンバー「11」との相性

お互いスピリチュアルな感性が強く、ほかの人には理解してもらえない部分を、わかり合える間柄です。

「11」はさまざまなことに敏感で、やや神経質なところがあります。「33」の大きな愛で包み込んであげると、より良好な関係を維持できるでしょう。

ライフ・パス・ナンバー「22」との相性

現実社会で権力を握る「22」と、大きな愛の力を持つ「33」の組み合わせ。タイプは違っても、最強のパートナーとなる可能性を秘めています。両者ともマスター・ナンバーのため、スケールが大きな二人。ひとたびタッグを組めば、かなり大きな影響力を生み出すでしょう。

ライフ・パス・ナンバー「33」との相性

お互いに似た価値観を持っている者同士。息が合えば最強です。ただ、それぞれが自分の世界観を大切にして生きているので、相手を尊重していないと、すれ違いが起こるでしょう。とはいえ、不測の事態には、大きな愛の力を発揮し、協力体制を敷くことは簡単なはず。

Soul Number 1の相性

ソウル・ナンバー「1」との相性

単純明快で裏がない二人。熱い魂を持つ者同士、意見が違えば派手に喧嘩もしますが、カラッとしていて後腐れがないでしょう。

同じ価値観を持っているので、相手のよい面も嫌な面も、まるで自分を見ているようで歯がゆいところがあるかも。

ソウル・ナンバー「2」との相性

アクティブで血気盛んな「1」の魂には、自分の意見を押し通す力強さがあります。反面、和を尊ぶ平和主義の「2」の魂は、自分よりも周りの意見を尊重するタイプ。そのため、「1」は「2」が相手に合わせてばかりいると感じるかも。違いを尊重することが第一歩です。

ソウル・ナンバー「3」との相性

アクティブな「1」の魂と明るく快活な「3」の魂は、似通った価値観を持っています。

両者とも積極的に「なんでもやってみよう」という姿勢なので、意気投合しやすく、一緒にいるとあっという間に時間が過ぎていくでしょう。

ソウル・ナンバー「4」との相性

刺激を求める「1」の魂と、安定を求める「4」の魂はすれ違いがち。

「1」が目新しい内容や冒険的要素を含むプランを提案しても、安全志向の「4」にはすんなりと受け入れられないことが多そう。うまく嚙み合わず、残念ながら、価値観の違いは否めないかも。

ソウル・ナンバー「5」との相性

アクティブな「1」の魂と、ドキドキワクワクするイベントが大好きな「5」の魂は、相通ずるものがあります。

似た感覚を持っているので、共通の体験を通して、喜びや悲しみ、刺激、感動などを一緒に分かち合うことができるでしょう。

ソウル・ナンバー「6」との相性

自分を優先させたい「1」の魂と、人に尽くすことに喜びを感じる「6」の魂では満足する基準が異なります。

関係が深まると、相手のためにした行為も、「1」は「6」のことをおせっかいだと感じ、「6」は「1」を自分勝手だと感じてしまうことが出てきそう。

ソウル・ナンバー「7」との相性

活発に行動する「1」の魂と、静寂を好む「7」の魂では、感性が異なります。必然的に、共に行動することは少ないかもしれません。

一本気質という点で共通の性質を持つ二人ですので、それぞれの分野を、突き詰めていく感じになるでしょう。

ソウル・ナンバー「8」との相性

「8」の魂はパワーを求め、さまざまな場面で成功しようと努力します。「1」も負けず嫌いなため、お互い弱みを見せず、張り合いたくなるかもしれません。とはいえ、基本的には合う二人。素直になればわかり合えるので、時間をかけて付き合っていきましょう。

ソウル・ナンバー「9」との相性

負けん気の強い「1」の魂と、寛容な精神を持つ「9」の魂。

感性が違う者同士ということが肌でわかるため、ぶつかり合うことも少ないはず。活躍するフィールドが違うので、お互いに持っていない部分を認め合うことができれば、成長し合えます。

ソウル・ナンバー「11」との相性

「1」の魂は「今」や「現実」に向いていますが、「11」はそもそも現実的なところに視点を置いていません。エネルギーの向かっている方向性、感性が違うといえるでしょう。「1」にとっては、理解するのが難しい相手といえそうです。違いを認めることが第一歩。

ソウル・ナンバー「22」との相性

強いパワーを持つ者同士ですが、根本的な部分で、そのパワーの種類が違います。「1」は瞬発力に長け、「22」は忍耐力に秀でるという特徴があるため、異なる価値観を持つ組み合わせとなり、どうしてもぶつかってしまうことがあるでしょう。

ソウル・ナンバー「33」との相性

「1」の魂はリーダーとしての資質を持ち、「33」の魂は奉仕者としての顔を持ちます。

両者の価値観は異なるため、生き方や目指すゴールも違ってきそう。そもそも求めるものが違うのだと認め、割り切ることが第一歩です。

Soul Number 2 の相性

ソウル・ナンバー「1」との相性

調和を好む「2」の穏やかな魂と、常にトップを求める「1」の熱い魂は、なかなか噛み合いにくい相性です。

「1」に対して「どうしてそんなに自分勝手なんだろう」と思ってしまうこともしばしば。感性の違いを認めることが第一歩となるでしょう。

ソウル・ナンバー「2」との相性

ともに平穏な人間関係を好む魂を持つ「2」同士。

お互いの気持ちを敏感に感じ取り、自然と気を遣い合えるため、一緒にいて安らぎを感じるでしょう。干渉的になるのも、お互い様。抵抗しつつも、認めざるをえない相手に。

ソウル・ナンバー「3」との相性

保守的な傾向のある「2」の魂にとって、楽観主義である「3」の魂は、なかなか理解しがたいもの。「どうしてそんなにお気楽なのだろう」と思ってしまうことが多々あるでしょう。感性の違いを認め、「3」に振り回されないよう意識することが大事かも。

ソウル・ナンバー「4」との相性

調和を求める「2」の魂と、秩序ある安定した暮らしを望む「4」の魂では、向いている方向性は似たものがあるといえるでしょう。

思いを共有することで距離を縮めていく努力は必要ですが、一度わかり合えば、長く続く組み合わせといえそうです。

ソウル・ナンバー「5」との相性

保守的傾向の強い「2」の魂と、冒険心あふれる「5」の魂は、感性の違う組み合わせとなります。

「2」にとって「5」は、まさに「危なっかしい」存在です。いつもハラハラさせられるのはそのため。タイプが違うと割り切ることが第一歩となるでしょう。

ソウル・ナンバー「6」との相性

両者とも、自分よりも他人を優先する思考回路で行動する魂同士。

似た価値観を持っているので、自然と譲り合うことができ、もめることはほとんどないでしょう。お互いの思いやりを心地よく感じることができ、一緒にいて安らぎを感じられる相手です。

Soul Number 2 × Soul Number 1 ～ 33

ソウル・ナンバー「7」との相性

協調性を大切にする「2」の魂と、自分の城を持ち、孤立も厭わない「7」の魂では、すぐには打ち解けにくいかもしれません。

しかし、じっくりと時間をかけて相手を認め合うことができれば、よき理解者になる可能性を秘めています。

ソウル・ナンバー「8」との相性

争い事のない平穏な生活を好む「2」の魂と、成功のためには戦いも厭わない「8」の魂では、感性が違い、一緒にいると息苦しく感じることがありそうです。

どんなときも相手に合わせないといけない気がして、心の中にもやもやする気持ちがたまりやすいかもしれません。

ソウル・ナンバー「9」との相性

受容力が高く、相手の意見を尊重する魂を持つ二人。

お互い似通った感性の持ち主なので、会った瞬間から、意気投合するかもしれません。安心感はもちろん、適度な刺激も受けることができ、バランスのよい組み合わせとなります。

ソウル・ナンバー「11」との相性

「11」はルート・ナンバーにすると「2」になるので、価値観や感性などが似た者同士となります。

「2」の魂は、「11」のスピリチュアルな感性や、発信する影響力の大きさに感銘を受けるかも。今後の自分の課題を見つけられるかもしれません。

ソウル・ナンバー「22」との相性

何よりも和を大切にする「2」の魂と、理想を現実にするため、しっかりと議論も交わす「22」の強い魂とでは、なかなか相容れない感覚の相違があります。

「22」のパワフルさに圧倒されてしまう可能性も。どうしても萎縮してしまうところがあるでしょう。

ソウル・ナンバー「33」との相性

「2」も「33」も、和を大切にする魂を持っており、人をフォローしたり、サポートしたりする役につくことが多く、似た者同士となります。壮大なスケールを持つ「33」を尊敬することも。一緒にいて安心感があるため、向上することができる組み合わせとなるでしょう。

Soul Number 3 の相性

ソウル・ナンバー「1」との相性

創造性のある「3」の魂と、どんなことにも果敢に挑戦する「1」の魂は、共通する感性を持っており、一緒にいて向上できる組み合わせとなるでしょう。

少々悪ふざけすることもありますが、一緒にいて刺激もあるので、成長し合えるよい関係となります。

ソウル・ナンバー「2」との相性

「3」の魂は楽観主義で常に楽しみたいと望んでいますが、「2」の魂は感受性が強く繊細です。「3」からすると、ちょっと神経質に感じ、面白みに欠ける、と感じてしまうかもしれません。

感性が違う者同士、まずは違いを認め合うことが第一歩でしょう。

ソウル・ナンバー「3」との相性

同じ価値観を持った者同士。文句なしにわかり合えるところがあります。趣味が同じなら最高に楽しめますし、誰よりも意気投合できるので、趣味を超えた新しい何かを創造できる可能性も。ただし、気まぐれで、責任を取らなければいけないときは、押しつけ合うことになりそう。

ソウル・ナンバー「4」との相性

オープンマインドで社交性のある「3」の魂と、まじめで融通の利かないところのある「4」の魂では、価値観が違い、なかなか理解し合えないところがあります。一緒にいてイライラしやすいのはそのため。相手を受け入れる努力をし、ムダな衝突を避けることが賢明です。

ソウル・ナンバー「5」との相性

両者ともオープンマインドで、奔放な魂を持った者同士。

似ている価値観を持っているので、すんなりと理解し合え、一緒にいて楽しく感じるでしょう。飽きっぽいという欠点も共通しているので、ラクなほうに流れないようお互い注意しましょう。

ソウル・ナンバー「6」との相性

自分の思うように動きたい「3」の魂は、他人の世話をすることに生きがいを感じる「6」の魂にプレッシャーを感じることがありそう。特に「6」の心配性は、余計なおせっかいにつながりやすく、「3」にとっては面倒で苦痛になってしまうことがあるかもしれません。

ソウル・ナンバー「7」との相性

明るく社交性のある「3」の魂と、本音を見せない慎重派の「7」の魂では、感性が違う者同士。まずは違いを理解する必要があるでしょう。無理やり「7」の世界に踏み込もうとしても嫌がられるだけ。時間をかけて信頼関係を築いていく必要がある相性です。

ソウル・ナンバー「8」との相性

娯楽性の強いものに惹かれる「3」の魂と、権力などのパワーに魅力を感じる「8」の魂では、価値観が違い、ぶつかることも多いでしょう。「3」の楽観的な視点を、「8」は「軽い」と捉える傾向があるため、その圧力に息苦しさを感じてしまうかもしれません。

ソウル・ナンバー「9」との相性

どちらもコミュニケーション能力が高く、オープンな傾向のある二人。変に気を遣うこともなく、一緒にいて比較的ラクな関係です。眉間にシワを寄せるよりも、笑う回数のほうが多く、発展性のある組み合わせ。適度な刺激も味わえる、バランスのとれた相性でしょう。

ソウル・ナンバー「11」との相性

理屈ではなく感覚的な部分を大切に生きるところがある二人。

世の中の動きを敏感にキャッチできるという点でも似通った感性の持ち主です。お互いの感性に感銘を受けることも多く、それがよい化学反応を起こす可能性も。一緒にいて飽きのこない関係でしょう。

ソウル・ナンバー「22」との相性

軽やかに生きて、嫌なことはなるべく避けて通りたい「3」の魂と、目標のためなら自分にも厳しくムチ打つ「22」の魂では、価値観が異なります。

「22」の圧倒的なパワーに萎縮してしまうかも。なかなかわかり合えずに息苦しさを感じてしまいそうです。

ソウル・ナンバー「33」との相性

感受性が豊かなところや、人や物と素直に対峙する点など、共通した感性を持った二人。

「3」の巧みな表現力や、「33」の奉仕的な愛など、自分にない部分を発見することで、互いに刺激を受け合い、共に成長できる間柄となるでしょう。

Soul Number 4の相性

ソウル・ナンバー「1」との相性

計画的に行動する「4」の魂と、思いついたら即行動する「1」の魂では、価値観が異なり、どうしても衝突することが多くなるでしょう。タイプが違うと割り切ることが必要です。そして、「そういうやり方もあるよね」と尊重できるようになれば、関係性も変わるはず。

ソウル・ナンバー「2」との相性

保守的傾向が強い魂同士。どちらかがあえて近づこうとしない限り、なかなか距離は縮まらないかもしれません。

しかし、親密になってくれば、お互いのよさを発揮できるように。徐々に打ち解け合うことができて、よいパートナーになることができるでしょう。

ソウル・ナンバー「3」との相性

まじめで安定を好む「4」の魂と、軽やかな生き方をする「3」の魂では、そもそもの価値観が違うため、何かと意見がぶつかってしまいそうです。

まずは相手の考えを否定しないことから。それぞれの価値観を認め合うことが、距離を縮める第一歩になります。

ソウル・ナンバー「4」との相性

まじめで堅実な魂を持つ者同士。同じ価値観を持っているので、波長が合い、認め合うことのできる関係です。

ただし、あうんの呼吸ができるときはこの上なく心地よい相手ですが、お互いに譲れない面が出てくると、どちらも折れないので長引く可能性も高いでしょう。

ソウル・ナンバー「5」との相性

安定を望む「4」の魂と、変化を求める「5」の魂では、そもそも大きく異なる価値観を持っています。

一緒にいると、「どうしてそんなに危なっかしいのだろう」という思いが捨てきれません。違いを認め、割り切ること、そして受け入れることが最初の一歩です。

ソウル・ナンバー「6」との相性

お互いにまじめで、責任感や正義感が強いタイプ。似ている価値観を持つため、一緒にいて心地よいでしょう。

自分のフィールドを守りつつ、相手のよさも素直に受け入れられるので、刺激を受けながら両者とも成長できる組み合わせとなります。

Soul Number 4 × Soul Number 1 〜 33

ソウル・ナンバー「7」との相性

「4」の慎重で確実さを求める魂と、「7」の理性的に真実を求める魂には共通点があり、深く理解し合える相性といえます。ただし、お互い積極性に欠けるため、親しくなるには時間が必要です。距離を縮めたいなら、自ら歩み寄る必要があるでしょう。

ソウル・ナンバー「8」との相性

「4」と「8」は、現実的な思考回路の持ち主で、似た価値観を持っています。多くを語らなくても通じ合える部分があり、一緒にいて居心地がよいでしょう。目指すゴールが同じなら、なおのこと絆も深まります。公私ともにパートナーとしての相性はベストといえそうです。

ソウル・ナンバー「9」との相性

きっちりとしたやり方を好む「4」の魂と、ややルーズな面を持つ「9」では、すれ違いが生じやすいでしょう。「9」のほうが、ついていけなくなってしまうのです。自分の意見を押しきろうとするのではなく、相手のことも受け入れるようになれば、関係性も変わってきます。

ソウル・ナンバー「11」との相性

現実的な視点を大事にする「4」の魂と、スピリチュアルな世界観を大切にする「11」の魂では、一緒にいて違和感を覚えるかもしれません。

「こういう考え方もあるんだ」と相手の感性を認めることができれば、自身の学びにもつながっていくはずです。

ソウル・ナンバー「22」との相性

「22」はルート・ナンバーにすると「4」になるので、価値観や感性などが似た者同士となります。両者とも現実的で、努力家なので、お互いを尊敬できる間柄です。一緒にいると向上でき、認め合えるので、居心地がよいはず。公私ともにベストパートナーになれるでしょう。

ソウル・ナンバー「33」との相性

現実的で安定感を求める「4」と、非現実的な世界観を醸し出す「33」では、そもそも感性が異なります。一緒にいると、どうも落ち着かず、気持ちもすれ違いがち。根本的な部分に違いがあるため、理解しようと努めると疲れてしまうことも。割り切ることが大切に。

Soul Number 5の相性

ソウル・ナンバー「1」との相性

　どちらも活動的で、行動力がある者同士。それぞれよい意味で自分を持っているので、自然と尊重し合える仲に。親近感もあるでしょう。

　「5」の冒険心や「1」のリーダーシップは、お互いを刺激し合う材料となり、成長の糧となりそうです。

ソウル・ナンバー「2」との相性

　気の向くままに行動する「5」の魂と、協調性を大事にする「2」の魂では、感性が違う者同士となり、お互いになかなか理解するのが難しい組み合わせです。

　特に「2」の干渉しやすい面は、受け入れがたいでしょう。「自由が大事」ということを、根気よく伝えることが大切。

ソウル・ナンバー「3」との相性

　両者とも自由を愛する魂を持ち、心踊ることを求めて生きています。

　似ている価値観を持っているので、一緒にいてとてもラクで楽しい関係となるでしょう。自分が見つけた楽しいと思うことや、新しく試そうとする考え方などを、素直に共感し合えるはずです。

ソウル・ナンバー「4」との相性

　風に任せて生きるような自由を愛する「5」の魂と、しっかりと地に足をつけた「4」では、価値観が違い、ぶつかることが多いかもしれません。

　まずは相手の考え方を認めて、尊重することが第一歩。異種だからこそ、新たな発見が生まれることもあります。

ソウル・ナンバー「5」との相性

　好奇心に導かれるまま、恐れることなく自由に行動する者同士。同じ価値観を持っているため、相手の考えていることが手に取るようにわかるでしょう。

　とはいえ、似ているということは弱点も同じ。飽きっぽさ、落ち着きのなさが増幅する可能性も高いといえそうです。

ソウル・ナンバー「6」との相性

　自分の意思を軸に行動する「5」の魂と、人の気持ちを軸に行動することの多い「6」では、価値観が違い、衝突することもあるでしょう。行動パターンがわかれば、相手の考え方を理解することにもつながります。拒否するのではなく受け入れることから始めてみましょう。

Soul Number 5 × Soul Number 1 ～ 33

ソウル・ナンバー「7」との相性

それぞれマイペースに生きたい二人なので、お互いの生き方に干渉しません。

距離が近くなるには、何かしらのきっかけが必要で、相当な時間がかかるでしょう。しかし、いったん打ち解けることができれば、尊重し合え、長く続く関係となりそうです。

ソウル・ナンバー「8」との相性

自由で多才、変化を好む「5」の弱点は飽きっぽいところです。「8」は反対に、一度決めたことはどんなことをしてもやり遂げるパワーを持っています。考え方の違いによって、ぶつかることもあるでしょう。まずは違いを認め、相手のよさを認めるところから始めて。

ソウル・ナンバー「9」との相性

寛大な「9」は「5」の自由さを受け入れてくれますが、そもそも感性が違う二人。「5」が好き放題していると、必然的に関わりが少なくなるでしょう。嫌なところが浮き彫りとなってもめることもありませんが、黙っていても気持ちが通うことも少ないといえそうです。

ソウル・ナンバー「11」との相性

大胆な魂を持つ「5」に対して、繊細な魂の「11」では、そもそも理解し合える部分が少ないでしょう。感性の違いが際立ってしまい、距離を感じてしまうかもしれません。とはいえ、「11」の直感力に共感できるときは、一気に惹かれ合うという可能性も秘めています。

ソウル・ナンバー「22」との相性

自由気ままで未来志向が強い「5」と、理想を掲げ現実的に邁進する「22」。違う価値観を持った者同士なので、どうしてもぶつかることがあるでしょう。

「22」には圧倒的なパワーがありますから、そこを尊重することができれば、関係性も変わってくるといえそうです。

ソウル・ナンバー「33」との相性

好奇心のままに動き回る「5」と、ピュアな心を持つ「33」の魂は、共通した価値観があり、一緒にいて通じ合うものを感じるでしょう。

それぞれ感性が豊かなので、目に見えないものを感じ取る精度も高く、刺激を受けることが多そうな組み合わせです。

Soul Number 6の相性

ソウル・ナンバー「1」との相性

面倒を見ることや育てることを求める「6」の魂と、リーダーとして自ら先頭に立ちたい「1」の魂では、考え方にどうしても相違が出てしまいます。価値観が異なることをまずは理解し、その違いを尊重することが第一歩に。それぞれの立ち位置を理解することが大切です。

ソウル・ナンバー「2」との相性

両者とも母性的な感覚が強く、人の意見をよく聞き、相手をケアしてあげたいと思うタイプです。似た価値観を持ち、ベストな相性なので、一緒にいると安心感が増すでしょう。ただ、二人とも遠慮しがちなので、最初の一歩が肝心。「6」から積極的に話しかけることが必要です。

ソウル・ナンバー「3」との相性

正義感が強く心配性なところがある「6」の魂と、気まぐれで楽観主義の「3」の魂では、そもそも感性が異なります。

持っているスペックが違う、ということを理解する必要があるでしょう。「3」は干渉されるのを好まないので、「相手のため」というおせっかいは控えること。

ソウル・ナンバー「4」との相性

お互いが「守る」という魂を持っている点で似通っている二人。無謀に攻めることはなく、守りに入るタイプです。たとえ「愛」と「現実」という軸が違っても、同じような感覚を持っているため、一緒にいて安心でき、心強く感じるでしょう。バランスのよい組み合わせです。

ソウル・ナンバー「5」との相性

内側の世界や中庸感を大切にする「6」の魂と、外側に拡大、発展していきたい「5」の魂では、根本的に違う価値観を持っています。

異なる思考回路なので、理解するのが大変かもしれません。まずは、違いを尊重することが第一歩になります。

ソウル・ナンバー「6」との相性

どちらも愛情深く、相手のためを思って行動する二人。

同じ価値観を持っているので、同調しやすいでしょう。お互い思いやりを持って接していけば、うまくいきますが、両者ともおせっかいが過ぎると、抵抗感が倍増する可能性も否定できません。

Soul Number 6 × Soul Number 1〜33

ソウル・ナンバー「7」との相性

両者の魂とも、自らが外に出て積極的に発信したいタイプではなく、内で学んだり育てたり、というような繊細な部分を体感したいと望んでいます。相性自体はよいので、距離が縮まると長く続くでしょう。それには、どちらかが意図的に距離を詰めていく必要があります。

ソウル・ナンバー「8」との相性

人を育てていくのが得意な「6」の魂と、適材適所に人を配置して才能を発揮させることが上手な「8」の魂は、どこか似ている感性を持っています。

お互いに安定感を保ちつつも刺激をし合える、バランスのよい関係だといえるでしょう。

ソウル・ナンバー「9」との相性

「6」も「9」も、他人を受け入れる能力が高く、気遣いのできる魂の持ち主。

似ている感性を持っているので、すんなりなじむ感覚があるでしょう。一緒にいて心地よい組み合わせに。ただ、あんまり干渉すると、ルーズな面のある「9」は疲れてしまうことも。

ソウル・ナンバー「11」との相性

ともに共感力と社交性が高い魂を持つ二人。黙っていても通じる感性があり、わかり合えることが多いでしょう。もちろん合わない部分もありますが、基本的に居心地がよい相性です。相手の長所も発見しやすく、一緒にいて刺激を得ることができるはず。

ソウル・ナンバー「22」との相性

母性的な思いやりを持つ「6」の魂と、エネルギッシュで強いパワーを持つ「22」の魂では、一見、相容れないように感じるかもしれません。しかし、エネルギーの発散と補充がうまく噛み合えば、とてもよい相性。たとえぶつかっても、時間がかかっても、親密になりたい間柄です。

ソウル・ナンバー「33」との相性

「33」はルート・ナンバーにすると「6」になるため、もともと近い部分があります。お互い思いやりのあるタイプなので、一緒にいると、癒しを得られるはず。感性も合い、好相性といえるでしょう。ただ、突然現れる「33」の突飛な言動に、面食らうこともありそうです。

285

Soul Number 7の相性

ソウル・ナンバー「1」との相性

分析や研究などを熱心にしたい「7」の魂は内にこもりがち。一方、積極的な一歩を踏み出すことを望む「1」の魂は外に向いています。物事へのアプローチ法が異なるため、なかなかわかり合うのが難しい間柄だといえるでしょう。まずは違いを理解することが大事です。

ソウル・ナンバー「2」との相性

どちらの魂も内にこもりがち。積極的にならないと、なかなか距離が縮まりません。とはいえ、一度打ち解け合うことができれば、深く理解し合える間柄に。時間がかかってもよいので、関係を築いていくことが大切です。結果として、長く続く組み合わせとなるでしょう。

ソウル・ナンバー「3」との相性

一人の時間を大切にしたい「7」の魂と、社交性に富んだ「3」の魂では、感性が噛み合いません。「3」の気まぐれさも気にかかります。一定の距離を保ちつつ、関わっていくのが、不要に心をかき乱されずに済む方法かも。まずは違いを理解し、割り切ることが第一歩です。

ソウル・ナンバー「4」との相性

両者ともまじめで地道に努力するという点で、似た魂を持っています。

どちらも積極的にアピールしていくタイプではないので、親密になるのに時間がかかりますが、打ち解け合うことができれば、安心感、信頼感を持て、長く続く組み合わせとなるでしょう。

ソウル・ナンバー「5」との相性

どちらも好奇心旺盛な魂を持っていますが、じっくり掘り下げたい「7」と、大胆に冒険してみる「5」ではアプローチ法が異なります。「5」を危なっかしいと感じ、敬遠してしまうことも。とはいえ、簡単に心を閉ざすのはもったいない相手です。時間をかけて関わってみて。

ソウル・ナンバー「6」との相性

孤高を持する「7」の魂と、人の世話を焼きたい「6」では、一見感性が違う者同士に見えます。けれども、打ち解けてくると、補完し合うことができて、長く続くことのできる組み合わせに。一定の距離を保ちながらも、信頼を深めていくという方法がよさそうです。

Soul Number 7 × Soul Number 1〜33

ソウル・ナンバー「7」との相性

同じ価値観を持った者同士。真実を追い求めたいという欲求は、同じソウル・ナンバーだからこそ、わかる感覚かもしれません。言葉がなくても通じ合える相手です。ただ、どちらもプロフェッショナルな魂の持ち主ですから、尊敬と同時にライバル心が芽生えるという可能性も。

ソウル・ナンバー「8」との相性

静かな闘志を内側で燃やすような「7」の魂に比べ、外に向けて強いパワーを発信する「8」の魂とでは、感性が違う者同士。強さを求める「8」に圧倒されてしまうこともあるでしょう。

まずは、異質だということを認めることが、関係性を変える一歩です。

ソウル・ナンバー「9」との相性

孤立しがちな「7」の魂を、大きな愛で受け止めて癒してくれる「9」。無理やり距離を縮めようとしないところも、ありがたく感じるはず。

タイプこそ違いますが、違和感を持つことなく、長く良好な関係を続けることができそうです。

ソウル・ナンバー「11」との相性

両者とも精神性の高い二人。言葉にしなくてもピンとくるものがありそうです。敏感で繊細な感覚は、同調し合うことができ、似通った感性を持っているといえるでしょう。

また、お互い適度な刺激を享受できて、バランスのよい組み合わせとなります。

ソウル・ナンバー「22」との相性

どちらの魂も、目的の達成や真理を追求するためには、他人にどう思われようが意に介さない芯の強さを持っています。深いところで信頼し合える間柄に。

一緒にいるとどこか安心するような気持ちになれて、よい刺激をもらえる組み合わせとなりそうです。

ソウル・ナンバー「33」との相性

理論的に考えたい「7」の魂と、感覚的な判断をしがちな「33」の魂。最初は戸惑うことも多いかもしれませんが、一定の距離を保ちながら接すれば、「33」の持つピュアな面、革命力などに感銘を受けるはず。人間力を学べる相手なので、ぜひ関係を続けていきましょう。

Soul Number 8 の相性

ソウル・ナンバー「1」との相性

「8」と「1」どちらも、力強く道を切り開くことを求める魂を持っています。

ただ、「8」の支配欲が「1」の反発を招き、ぶつかることも。相手をコントロールしようとするのは止めましょう。力を合わせればすごいパワーになるので、尊重することが大切です。

ソウル・ナンバー「2」との相性

イニシアティブを取りたい「8」の魂と、調和することで満たされる「2」の魂は、異なる方向を向いています。

どうしても「2」が「8」に合わせることとなり、疲れてしまいがち。そもそもライフスタイルは別物だと認識し、考えを押しつけないよう気をつけましょう。

ソウル・ナンバー「3」との相性

自分に厳しくストイックに生きる「8」と、なんとかなるさ、と楽観的に考える「3」では、大切なことの優先順位が違います。そのため「3」を見ていると、釈然としないことが多くなるかもしれません。考え方が違うと、まずは理解することから始めましょう。

ソウル・ナンバー「4」との相性

両者とも、現実をしっかりと見て努力を惜しまないタイプ。厳しさや強さを内包しているという意味でも、魂が共鳴し、似ている二人といえます。

わざわざ説明をしなくても、わかってもらえることが多いので、一緒にいて楽だと感じるでしょう。

ソウル・ナンバー「5」との相性

決めたからには食らいついてでも努力する「8」の魂は、切り替えが早く変化を求める「5」にストレスを感じるかも。

自分のやり方を通そうとすると、反発を招き、どうしてもぶつかりがちに。相手の考え方を尊重し、一歩譲る姿勢を見せれば、関係性も変わってきます。

ソウル・ナンバー「6」との相性

社会的に人を引っ張っていく大きな力を持つ「8」の魂と、身近な人に愛を持って手助けをしていく「6」の魂は、どこか通じるものがあるといえます。

活躍するフィールドは違うかもしれませんが、意気投合する可能性は大いにあるといえるでしょう。

Soul Number 8 × Soul Number 1 〜 33

ソウル・ナンバー「7」との相性

物質的な価値に重きを置く「8」の魂と、精神性を大事にする「7」の魂では、求めるものが噛み合いません。

まずはその違いを受け止めることが大切。相手が大事にしている部分も認め、理解しようと努めることで、関係性が変わってくるでしょう。

ソウル・ナンバー「8」との相性

自信家でパワーを持った者同士。地位や名声などに価値を見出す傾向があり、お互いに野心を秘めています。

同調しているときは、素晴らしい力を発揮し、大きな事を成し遂げることができるでしょう。ただし、反対意見が出たときは、派手にぶつかる可能性も。

ソウル・ナンバー「9」との相性

隙を作らず、地に足をつけて邁進しようとする「8」の魂と、隙を作ることで癒しや愛を与える「9」の魂では、目指す方向にズレが生じます。「8」は「9」がルーズに見えるため、どうしても理解しにくい相手に映りそう。自分にないものを持っていると、認めることから。

ソウル・ナンバー「11」との相性

現実的思考をする「8」の魂と、直感を大事にする「11」の魂では、根本的な価値観の相違が浮き彫りに。「11」の考えていることがわからず、ストレスがたまることも。考えを押しつけたり、コントロールしようと思ったりしないことが、関係性を保つために必要となるでしょう。

ソウル・ナンバー「22」との相性

パワーにあふれ、合理的に物事を考えるところが似ている二人。

お互いに認め合うことができ、一緒にいて安心感を覚えます。信頼関係も築きやすく、ベストな相性だといえるでしょう。「8」にとって「22」は、尊敬できる特別な存在となりそうです。

ソウル・ナンバー「33」との相性

現実と向き合ってストイックに生きる「8」の魂にとって、ふんわりとした空気感と独特の発想で生きる「33」を理解できないと思うことも多く、不満がたまりやすいでしょう。考え方や価値観が違うと割り切り、相手を認めることが一歩となるはずです。

Soul Number 9 の 相性

ソウル・ナンバー「1」との相性

寛容な視点を持つ「9」の魂と、ともすれば攻撃的になりがちで主役でいたい「1」の魂では、そもそも違うタイプといえるでしょう。「9」にしてみれば「1」のせっかちな面がどうしても理解できません。感性の違いを認め、割り切ることが関係性を理解する第一歩です。

ソウル・ナンバー「2」との相性

共感力の高い二人は、相手の話をよく聞いて理解しようと努めます。お互いを思いやる気持ちも強い魂なので、一緒にいて心地よいでしょう。

「2」の干渉的なところは気になりますが、「9」は上手に受け流す力もあるので、関係はスムーズです。

ソウル・ナンバー「3」との相性

誰に対してもオープンマインドで接する二人は、似ている感覚を持っています。

一緒にいると楽しく、些細なことでも笑い合えるはず。意外と波長も合うでしょう。また、自分にはない部分を尊敬することができ、今後の人生に反映してみようと思えるはずです。

ソウル・ナンバー「4」との相性

許容範囲が広く、少しのズレなどはあまり気にしない「9」の魂と、秩序を求める隙のない「4」の魂では、もともとの感性が異なります。「9」は「4」を頭が硬いと感じてしまうかも。でも自分よりも、しっかりしているところは認めざるをえないはずです。

ソウル・ナンバー「5」との相性

寛容な「9」の魂は、冒険心旺盛な「5」の魂を、受け入れてあげられるでしょう。とはいえ、そもそもの感覚にズレがあるのは否めません。見ている世界が違うので、理解できないことも。ただ、ややいい加減なところが似ているので、そこは同意せざるをえないといえそう。

ソウル・ナンバー「6」との相性

「相手がどう思うか、何をしたがっているか」を、優先して考える傾向がある者同士。どこか似ている感性を持っているので、一緒にいて安心感があるでしょう。バランスのよい組み合わせですが、「6」のおせっかいな面が強く出ると、「9」は逃げ出したくなってしまうかも。

ソウル・ナンバー「7」との相性

オープンな性格で視野の広い「9」と、集中して一つのことを深めるタイプの「7」は、得意とする分野が違います。そもそも理解し合うのに時間がかかるでしょう。ただし、どちらも精神性を重んじる傾向があるので、理屈抜きで惹かれるところがあるのは否めません。

ソウル・ナンバー「8」との相性

人を受け入れる柔軟性を持つ「9」の魂と、強い意志を持ち自分を貫く「8」の魂では、基本的な価値観が異なります。「もっと遊びを取り入れ、心をゆるめてもよいのに」と思うことが。逆に「8」は「9」をルーズだと思っている可能性も。相手の立場に立つ努力が必要です。

ソウル・ナンバー「9」との相性

両者とも理解力や受容力が高く、平和主義者です。同じ価値観を持った者同士で、一緒にいて心地よいでしょう。二人のパワーが合わされば、本気で世界を平和に導けるほどかもしれません。

ただし、一度だらけてしまうと、お互いに重い腰を上げるのが苦痛となりそう。

ソウル・ナンバー「11」との相性

相手を受容し、調和をとることで、争い事を避ける傾向のある二人。意気投合しやすく、一緒にいて楽しく過ごせるでしょう。ともに穏やかな雰囲気をまとっているのも特徴の一つ。「11」の少し神経質な面も、やさしく包み込んであげることで、自然となごめる好相性です。

ソウル・ナンバー「22」との相性

柔軟性のある「9」の魂と、忍耐力のある「22」の魂では、得意分野が異なるため、波長が合わないと感じるかも。

しかし、時間をかけても足りない部分を認め合うことが、お互いの成長につながる組み合わせ。「22」の圧倒的なパワーに負けないよう努力することが大事。

ソウル・ナンバー「33」との相性

癒しの力を持つ者同士なので、会ったときから、似ている波長を感じるかもしれません。変に気を遣う必要もなく、一緒にいて居心地がよいと感じるはず。

また、相手からインスパイアされることもあり、より自分の感性を磨くことができるでしょう。

Soul Number 11の相性

ソウル・ナンバー「1」との相性

感覚を大事にする「11」の魂と、自立した信念を大切にする「1」の魂では、感性にズレがあります。積極的に行動する姿勢は感心しますが、その強引さについていけないと感じることも事実。「1」といると神経をとがらせてしまうかも。まずは違いを理解することから。

ソウル・ナンバー「2」との相性

「11」はルート・ナンバーにすると「2」になるので、価値観や感性などは似た者同士となります。

ともに調和を大切にして共感力が高いため、一緒にいると心安らぐ相手となるでしょう。人生のよきパートナーになる可能性も秘めています。

ソウル・ナンバー「3」との相性

ひらめきやインスピレーションを大切にする「11」の魂と、情報をキャッチする能力に長けている「3」の魂は、どこか惹かれ合うものがあるようです。

「11」は「3」といると楽しい気分になり、元気をもらえるでしょう。不思議と感性も合い、バランスのよい相性です。

ソウル・ナンバー「4」との相性

繊細でスピリチュアルな感性を持つ「11」の魂と、現実的な世界に生きる「4」の魂は、異なる感性を持っています。

同じ場面に出くわしても「11」は涙を流すほど感動しているのに、「4」はあっさりと現実を受け止めている、なんてことが。まずは違いを受け入れましょう。

ソウル・ナンバー「5」との相性

「11」は繊細さを持つ魂なのに対し、「5」は大胆で奔放に動き回るタイプ。

感性が違う者同士となり、理解できないことも多いでしょう。しかし、お互いに足りない部分を補完し合えば、成長できる組み合わせです。相手の長所を受け止めることが第一歩となります。

ソウル・ナンバー「6」との相性

「6」のバランス力や愛情に、「11」は、直感的に惹かれることがありそうです。信頼できると、魂で感じ取るのかもしれません。実際に相性もよいでしょう。ただし、「6」の心配性な面が顔を出すと、優しさがおせっかいに感じ、疲れてしまうことも否めません。

Soul Number 11 × Soul Number 1 〜 33

ソウル・ナンバー「7」との相性

スピリチュアルな感性を持った者同士。言葉を交わさなくても、深いところで通じ合い、初対面からピンとくるものを感じる可能性が。ただし、どちらも積極的ではないので、惹かれているのに本音を打ち明けるまで時間がかかるかもしれません。まずは一歩を踏み出すことから。

ソウル・ナンバー「8」との相性

神秘的なエネルギーを大切にする「11」の魂と、物質的な価値を尊重する「8」の魂では、価値観が大きく異なります。「8」の圧倒的なパワーに、何も言えなくなってしまう可能性が。まずはそもそもの考え方が違うと理解し、それを認め合う努力が必要でしょう。

ソウル・ナンバー「9」との相性

ともに感受性が豊かで、黙っていても通じ合うところがある二人。価値観も似ているため、一緒にいてラクだと感じるでしょう。

嬉しいこと、悲しいこと、感動することなどの共通項も多く、パートナーとしてベストな相性だといえそうです。

ソウル・ナンバー「11」との相性

スピリチュアルな感性を持ち、それを人に伝えるべく使命感に燃える二人。自然とわかり合える組み合わせです。両者の力が合わさると、大きな影響力を与えることも可能に。ただし、二人は理解できても、周りには理解できないことも。発言には十分に留意する必要があります。

ソウル・ナンバー「22」との相性

精神世界を大事に考える「11」の魂と現実社会に即して生きる「22」の魂では、そもそもの立ち位置が違います。

距離を縮めるのに時間はかかりますが、ともにスピリチュアルな面も持つ二人は認め合うことができるでしょう。それぞれの役割を理解することが大切です。

ソウル・ナンバー「33」との相性

世の中にメッセージを伝えたいという大きな使命感を持った二人。「11」は直観力によって、「33」は愛の力を持って、働きかけをしていきます。

似た感覚を持っているので、一緒にいると心地よいはず。お互いにエールを送り合える関係となりそうです。

Soul Number 22の相性

ソウル・ナンバー「1」との相性

お互いに自信があり、自分のやり方で物事を進めたい者同士。どちらも自分を軸に動くので、どうしてもぶつかり合うことが多そうです。

従わないまでも、相手のやり方を認め、許容していくことが、自身の度量を広げていくことにつながります。

ソウル・ナンバー「2」との相性

圧倒的なカリスマ性を持つ「22」の魂と、繊細で女性的な「2」の魂は、正反対の組み合わせ。「22」のパワーが強すぎて、「2」は萎縮してしまうかもしれません。感性の違いは否めませんが、「22」の足りない部分をたくさん持っていることも事実。ぜひ関係を大事にして。

ソウル・ナンバー「3」との相性

ストイックに物事を押し進めたい「22」と、楽しいかどうかを基準に動きたい「3」では、価値観が異なります。「3」の言動が軽く思えて、コントロールしたくなるかもしれませんが、そんなことをしたら敬遠されるだけ。まずは違いを認めて、受け入れることが大切。

ソウル・ナンバー「4」との相性

「22」はルート・ナンバーにすると「4」になるので、まじめなところやストイックな面など、多くの共通点があります。価値観、感性ともに似ているでしょう。特に多くを語らなくても、安定感や信頼感を持てる相手です。「4」になら、大事なことも任せることができるはず。

ソウル・ナンバー「5」との相性

好奇心旺盛な「5」は、やや飽きっぽい面を持っています。一方、忍耐力があり、こうと決めたら道を曲げないのが「22」。価値観が異なるので、理解できないと思うこともしばしば。批判したくなることもあるかもしれません。ですが、まずは違いを受け入れることが第一歩。

ソウル・ナンバー「6」との相性

目指す方向や見ている世界は異なるものの、どちらも責任感の強い「22」と「6」の魂。生き方が違うため、最初のうちは距離を感じるかもしれません。

しかし、関わっていくほど、信頼でき、尊敬できる相手だということがわかるでしょう。学ぶことの多い相手です。

ソウル・ナンバー「7」との相性

突き詰めていく姿勢が似ている二人。「22」は、不可能を現実にするほどのパワーを持って前進し、「7」は真実を追い求めて静かに深く没頭していきます。

突き詰める内容は違っても、感覚的に通じ合うものがあるでしょう。一緒にいて刺激をもらえる相手です。

ソウル・ナンバー「8」との相性

ともにエネルギッシュで、自信家。戦車のごとくあらゆるものを巻き込んで、事態を変えていきます。成し遂げたときはこの上ない爽快な気分を味わえるはず。基本的に馬が合うので、自分のプランや展望を理解してもらいやすく、一緒にいてラクだと感じる相手でしょう。

ソウル・ナンバー「9」との相性

強力なパワーで思うようにことを運びたいと望む「22」の魂と、大きな愛の力で人々を癒したい「9」の魂。変な意地を張らずに、弱い部分を見せることができれば、ホッと一息つける貴重な存在に。違う部分もありますが、相手の懐に飛び込んでみれば、長く続く可能性も。

ソウル・ナンバー「11」との相性

確かなビジョンを掲げて力強く行動していく「22」の魂と、スピリチュアルな世界に生きる「11」。違う部分もありますが、「11」の直感には、学ぶこと、考えさせられることも多いはず。一緒にいると視野が広がって、ますます「22」の活躍する場が増えるでしょう。

ソウル・ナンバー「22」との相性

お互いに使命感を持ったカリスマ的存在で、達成力を持った者同士です。

同調すれば、パワーは何倍にも広がり、ほかの人が真似できない大きな事を成し遂げるはず。ぶつかったときの反発力も相当ですが、そこからさえ学ぶことがあり、生み出すものがあるでしょう。

ソウル・ナンバー「33」との相性

カリスマ的リーダーである「22」と、ヒーラーとして抜きん出る「33」は、異種の組み合わせ。しかし、距離を縮めていくと、お互いにない特別な力を両者ともに持っていると気づくはず。尊敬の念が生まれたときのパワーは壮大で、認め合うことでさらに高まります。

Soul Number 33の相性

ソウル・ナンバー「1」との相性

愛や癒しが軸となっている「33」の魂と、自立し自分を打ち出していくことに意味を見出す「1」の魂では、そもそもの価値観が異なります。「1」の自己中心的な振る舞いに疲れてしまうこともありますが、その積極性に感嘆することも。肯定することで関係が一歩前進します。

ソウル・ナンバー「2」との相性

人との関わりを大切にしたい二人は、似通ったものを持っています。愛や友情など目に見えない尊いものを大事にする傾向も、お互いに心地よいでしょう。「33」から積極的に関わることで、関係が深まっていくはず。自分が弱っているときも助けてくれるありがたい存在です。

ソウル・ナンバー「3」との相性

お互いに無邪気な魂を持った者同士。似ている部分があるため、最初からピンとくるものがあるでしょう。

楽しいことを共有すると、喜びも倍増するはず。一緒にいることで、周りまで笑顔にできる組み合わせです。適度に刺激し合えるので、よい相性に。

ソウル・ナンバー「4」との相性

どこかつかみどころのない、ほんわかした存在の「33」の魂と、地に足のついた「4」の魂では、なかなか噛み合いづらいでしょう。「もう少し肩の力を抜けばよいのに」と思ってしまうことも。相手の考えも尊重し、少しずつ歩み寄っていくことが必要な組み合わせです。

ソウル・ナンバー「5」との相性

自分の感性を大事に生きる二人。自由な空気が漂い、どこか似通っているものを持っている者同士といえます。

「33」の純粋さ、「5」の冒険心が同調すると、夢がふくらみ、未来を語る話題は尽きないはず。一緒にいて居心地もよく、刺激し合えるよい関係でしょう。

ソウル・ナンバー「6」との相性

「33」はルート・ナンバーにすると「6」になるので、価値観や感性などは似た者同士となります。

愛情豊かな二人ですが、「33」の純粋さや、「6」の正義感など、自分にはない長所を感じ合うことで、よい影響を与え合う関係になれるでしょう。

ソウル・ナンバー「7」との相性

どちらも精神性を大事にするタイプ。とはいえ、「33」は愛と癒しを広げるのに対し、「7」は興味のあることを深めるため、ベクトルの違いは否めません。ただ、お互いを特別視する部分が尊敬に変わることも。時間はかかったとしても、理解し合うと長く続く組み合わせに。

ソウル・ナンバー「8」との相性

愛の力を軸に生きる「33」の魂と、力を持つことに価値を感じる「8」の魂では、なかなか価値観が噛み合いません。

極端になると「愛があれば幸せ」と「お金がなければ幸せになれない」といった大きな相違に発展することも。お互いの価値観を認め、歩み寄ることが課題です。

ソウル・ナンバー「9」との相性

ロマンティックで愛情豊かな二人。似ている感性を持っているので、一緒にいて居心地がよいでしょう。二人の力が合わされば、世界平和に貢献ができるほど。幸せや笑顔を振りまくことができるはずです。大きな問題が起きたときは、「33」が誘導すると、よりうまくいくでしょう。

ソウル・ナンバー「11」との相性

感受性が豊かで、スピリチュアル性が強い二人。会った瞬間にシンパシーを感じる可能性も。お互いのパワーを認め合えるので、何か貢献できることがあるはず。力を合わせることができれば、その発信力は大きなものに。ただし、地に足をつける意識が必要です。

ソウル・ナンバー「22」との相性

人を癒す力を持つ「33」の魂と、不可能を現実にするパワーを持つ「22」。まとう雰囲気や考え方に相違はありますが、違いを受け入れると、ほかでは真似のできない大きな力に発展する可能性を十分に秘めています。自分にはない力を持つ相手に、尊敬の念を抱けるかがカギ。

ソウル・ナンバー「33」との相性

愛とスピリチュアルを軸に生きる二人。合う・合わないは別として、会った瞬間にピンとくるのは確かでしょう。似すぎて拒否反応が出ることもありますが、お互いのパワーが重なれば、驚くほどの力を発揮できるはず。愛の力で大きな革命を起こす可能性も十分ありえます。

相性リーディングⅠ
恋愛・結婚相手

Personal Chart

自分（Sさん）		相手（Mさん）
8	ライフ・パス・ナンバー	4
8	ディスティニー・ナンバー	2
1	ソウル・ナンバー	7
3	パーソナリティー・ナンバー	11
5	バースデー・ナンバー	6
7	マチュリティー・ナンバー	6

◉ 全体をみる

　相性をリーディングするときも、まずは二人の全体の数字をみること
が大切です。第4章でパーソナル・チャートを読み解いたように、相手
もリーディングしてみましょう。気になる相手、好きな相手のことは、
もっと深く知りたいと思うはず。その気持ちが、二人の関係性に化学反
応を起こします。まずは大まかに把握するだけでも構いませんので、最
初に全体をチェックしましょう。

　例えば、Sさんは「8」が2つあるとか、Mさんは軸の異なる数字が
多い（バースデー・ナンバーとマチュリティー・ナンバーは同じ数字で
すが、マチュリティー・ナンバーを最初から意識するのは困難。202ペ
ージ参照）などは押さえておきたいポイントです。

● ライフ・パス・ナンバー同士をみる

　全体の数字をチェックしたら、二人のライフ・パス・ナンバーをみていきましょう。ライフ・パス・ナンバーは核となる数字ですから、どんな場面でも大切な数字となります。

　Sさんのライフ・パス・ナンバーは「8」、Mさんは「4」です。Sさんは、好きだという気持ちが芽生えたら、その恋を成就させるために、どんな努力も厭わないタイプ。また尊敬できる人、何かに秀でた特徴を持っている人が好きだといえます。Mさんは、時間をかけて相手の本気度を見極めていくタイプ。恋心が芽生えても、じっくり関係を進めようとするでしょう。この組み合わせは、それぞれのキーワード、レーダーチャートをみても、Sさんがリードしたほうがうまくいきそうです。また、「8」と「4」のどちらも、現実性を重んじる数字だということがわかります。相性表でも♡となり、パートナーとしての相性も抜群です。フィーリングが合うと感じ、安定感を得られ、一緒にいて心地よい相手といえるでしょう。

● ソウル・ナンバー同士をみる

　付き合いが長い、結婚を考えている、結婚相手など、関係性が深い場合は特に、ソウル・ナンバーも掘り下げていくことが、より相手を知る手がかりとなるでしょう。まだ関係が浅かったとしても、長く付き合っていきたい、関係性を深めたいと思う相手なら、ぜひソウル・ナンバーのチェックを。なぜならソウル・ナンバーは、相手の本質、本音などを探ることができる数字とされているからです。

　Sさんのソウル・ナンバーは「1」、Mさんは「7」です。Sさんは積極的に活動するのが好きで、せっかちな要素を持っているタイプ。常に一番でありたいと感じていますので、自分に合わせてくれる人に惹か

れます。一方Mさんは、基本的に一人で過ごすのが好きなタイプ。どちらかというと内にこもりがちで、興味のあることに没頭したいと思っています。相性表では▲の関係性で、どうも根本的な感性に違いがありそうです。ライフ・パス・ナンバー同士は相性がよいため、きっと普段は違和感なく楽しく過ごせるはず。でも、なぜか肝心なところで「ズレ」を感じる、ということが起こりそう。話し合いをすると「うまく噛み合わない」などといったことが起こるのは、ソウル・ナンバー同士の組み合わせが起因するため。本質をみていくと、こうしたことがわかってくるといえるでしょう。

　ソウル・ナンバーは、ライフ・パス・ナンバーと違い、意識できる部分ではないので、いわば「どうしようもない」部分となります。とはいえ、感性が違うからダメということではもちろんなく、どうしようもない部分だからこそ、その変えられない欲求を「知る」ことが、まずは大事なのです。そして、それを受け入れ、相手と関わっていくことが大切だといえます。なぜなら、「好き」という気持ちが、その相性を超えるためのパワーを授けてくれるからです。感性の違いを超えられる力があるのか、その思いの本気度を、数字によって試されているのだと捉えてみましょう。

ライフ・パス・ナンバーとソウル・ナンバーの組み合わせが逆の場合

　もし、ライフ・パス・ナンバーが「1」と「7」で、ソウル・ナンバーが「8」と「4」だった場合、普段は、「好きだけどなんとなく感性が合わない」「ズレがある」と感じることが多いけれど、いざというときは「信頼できる」「なぜか一緒にいて居心地がよい」と読み解けます。根本的な部分では安定を感じる組み合わせとなるでしょう。もしかしたら、初対面から「不思議と縁を感じた」なんてことが起こる可能性も。

● ライフ・パス・ナンバーと
　ソウル・ナンバーの組み合わせをみる

　ライフ・パス・ナンバーとソウル・ナンバーもみていきましょう。S
さんのライフ・パス・ナンバーは「8」、Mさんのソウル・ナンバーは「7」。
相性表では▲です。ここでも感性の違いが浮き彫りとなってきました。
一方、Mさんのライフ・パス・ナンバーは「4」、Sさんのソウル・ナ
ンバーは「1」で、相性表では■となっています。こちらは価値観の違
いが出てきました。

　感性と価値観の違いについてですが、ここでいう感性とは「感じ方」
や「感覚」で、価値観は「考え方」や「思考回路」となります。それぞ
れ物事に対する感じ方、考え方を指します。

　例えば、一緒に映画を観に行ったとします。Sさんの「8」は、「す
ごい！　楽しい！」と感じるのに対し、Mさんの「7」は、「何これ、
怖い…」と感じているかもしれません。感想を言い合ったら、お互いに
気まずくなる、あるいは「そんなふうに感じるのか」と新しい発見につ
ながる可能性もありそうです。さらにMさんの「4」は、「教育上、あ
まりよくない映画だ。特に子供のいる友人には勧められないな」と考え
ているのに対し、Sさんの「1」は、「面白かったから、映画館を出た
らすぐ友達に勧めよう！」と考えているかもしれません。SさんとMさ
んでは、こうしたズレが随所で出てくる可能性があります。それを「刺
激的な関係で楽しい」と、いつもプラスに捉えられればよいのですが、
多くの人は「相性が悪い」と捉えがちです。確かにぶつかることが多く
なると、もやもやする気持ちを抱えたり、居心地の悪さを感じたりする
かもしれません。

　だからこそ、数字のエネルギーを知って、相手を理解することに役立
てられるのが、「数秘術」なのです。

　ソウル・ナンバーは「どうしようもない」部分です。無意識にそう感

じてしまう部分なので、変えるのが困難といえます。ですから、意識できるライフ・パス・ナンバーの性質で、相手に合わせてあげるとうまくいく可能性があります。例えば、Ｓさんは「怖い」と感じているＭさんになるべく共感すること。Ｍさんは「面白いから友達に勧めよう！」と考えているＳさんの考えを否定したり、たしなめたりするのではなく、ある程度受け入れる努力をすること。そうすると、相手が「この人ならわかってくれるかも」となる可能性があるということです。

「感性が違う」「価値観が違う」……それはわかったけど、ではどうすればよいのか。数字のエネルギーを通して、しっかり考え、ぜひ次のステップにつなげましょう。もし、「相性がイマイチだし、もういいや」と思うのであれば、そこまでの気持ちなのではないでしょうか。いずれにしても、相性を知った上で、どう思うのか、どうしたいのか、自分の気持ちをしっかりと見つめていきましょう。

◉ もう一度、全体の数字をみる

最後に、もう一度全体の数字をみましょう。ＳさんとＭさんでは、お互いに同じ数字が一つもありません。そもそも「軸」とするものが違うと考えられます。またＳさんには「心」と「愛」を軸にする数字（44ページ参照）がありません。それは「心」や「愛」がないということではありませんが、Ｓさんには「共感力」や「協調性」が足りないと読み解けます。気がつかないうちに、ＳさんはＭさんに自分の考えを押しつけたり、相手をコントロールしようとしたりするところがありそうです。ＭさんがＳさんに合わせることでしかうまくいかないのかもしれません。一方で、Ｓさんがリードし、ＭさんがＳさんを頼ることでうまくいく、そんな関係性もみえてきます。

二人の数字のエネルギーは、そのときどきのバランスでプラスに働いたり、関係性が崩れたりしますが、それは二人の気持ち、捉え方次第で

大きく変わってくるでしょう。だからこそ、なるべくよい関係性、状態をキープできるよう数秘術を上手に活用していきましょう。

このリーディングは一つの例です。もちろんこの通りの結果にならないこともあるでしょう。大事なのは「相性を多角的にみること」で、自分と相手の深いところまで推し量ることができ、理解しようと努めることによって、人間力を高めていくことができるのではないでしょうか。

二人が結婚するとよい年について

結婚するのによい年は、どう考えればよいでしょうか。

数秘術には吉凶がありませんから、結婚してよい年、悪い年と、限定したり断定したりすることはありません。

ただ、結婚について「結婚することで一番大事なのは楽しむこと」と思っているなら「3」の年がおすすめでしょう。「結婚することで安定したい」と考えている場合は「4」の年が向いているといえます。また、結婚はスタートという考えが強いなら「1」の年がよいでしょうし、「結婚によって社会に認められ、高みを目指したい」と思うなら「8」の年にするなど、それぞれの数字のエネルギーを結婚という節目にどう取り入れたいのか、自身がしっくりくるタイミングがベストといえます。

なお、このような「運気の捉え方」は、結婚だけでなく、さまざまなテーマに共通しますので、転職や引越し、旅行などの時期を決めるのにも活用してみてください。

相性リーディングⅡ
友人や同僚（上司・部下）

Personal Chart

自分（Kさん）		相手（Tさん）
2	ライフ・パス・ナンバー	3
6	ディスティニー・ナンバー	6
11	ソウル・ナンバー	22
6	パーソナリティー・ナンバー	9
4	バースデー・ナンバー	9
8	マチュリティー・ナンバー	9

◉ 全体をみる

　相性をリーディングするときは、どのような関係性の相手であっても全体の数字をみることが大切です。

　例えば、Kさんは「6」が2つあり、「6」の要素が強調されやすいと読み解けます。また、ライフ・パス・ナンバー「2」とディスティニー・ナンバーの「6」の相性をみると、似ている価値観を持っており、Kさんは職場などで自分の資質を生かしながら仕事ができている可能性があります。

　一方、Tさんは「9」が複数あり、ライフ・パス・ナンバー「3」との相性も同調していることがわかるでしょう。ただ、ディスティニー・ナンバーの「6」とライフ・パス・ナンバーの「3」とは相性表では「感

性が違うもの同士」となり、与えられる使命と自分の資質においてギャップを抱えやすいと考えられます。

また、二人ともソウル・ナンバーにマスターナンバーを持っていることも押さえておきましょう。

◉ ライフ・パス・ナンバー同士をみる

全体の数字をチェックしたら、二人のライフ・パス・ナンバーをみていきましょう。ライフ・パス・ナンバーは核となる数字ですから、どんな場面でも大切な数字となります。

Kさんのライフ・パス・ナンバーは「2」、Tさんは「3」です。Kさんは調和を大事にする人。相手を受け入れ、共感し、協調性を発揮するタイプです。Tさんはフットワークが軽く、自分の楽しさ、面白さを求めて行動するタイプ。周囲をユーモアで満たすことも忘れません。

相性表を確認してみましょう。「2」と「3」は▲で、感性の違いがあると出ています。KさんとTさんは同僚です。性質や求められる役割が違うからこそ、学ぶことや新しい発見があったり、また補い合ったりすることも可能でしょう。同僚にいろいろなタイプがいることで刺激となり、職場が活性化する場合も十分にあります。「3」の創造性を「2」が受け入れ、プラスのスパイラルを築いていくこともあるでしょうし、逆に「3」の尻ぬぐいを「2」がいつもすることになり、Tさんに対する苦手意識が高まっていく可能性もあります。

まずはライフ・パス・ナンバーで、お互いの基本性質を知り、どんな化学反応が起きやすいのか、チェックしていきましょう。

　もし相手が、上司（部下）だったら、ママ友だったなら……と、立ち位置や関係性を変えてみたとき、どんな状況が浮かぶか、いろいろと想定して考えてみましょう。立場によっても、数字のエネルギーの影響が変わってくるはずです。読み解き方に正解はありませんので、いろいろな人に置き換えて、どんな可能性が想像できるか、ぜひ考えてみてください。数秘術を読み解く練習にもなりますし、相手を知ろうとする姿勢が、人間関係を良好にする一歩へつながります。

◉ パーソナリティー・ナンバーをみる

　ライフ・パス・ナンバーの相性をみたら、パーソナリティー・ナンバーをみていきます。パーソナリティー・ナンバーは、周りからどのように見られているかがわかる数字です。性質や本質がどうかではなく、他人が持つ「印象」となりますから、自分（相手）が職場やオフィシャルな場でどう見られているかを知る手がかりとなります。

　Kさんのパーソナリティー・ナンバーは「6」、Tさんは「9」です。Kさんは包容力があり、親身に話を聞いてくれる、頼りになる人と思われているでしょう。また、Tさんは話に共感してくれる、おおらかな人と周囲から思われているはず。

　お互いに、自分の性質とそれほど差がないため（自分のライフ・パス・ナンバーとパーソナリティー・ナンバーの数字の組み合わせをみる。Kさんは「2」と「6」で♡、Tさんは「3」と「9」で△）、周りからの印象に困ることはあまりないと感じているかもしれません。よい面がそのまま反映されていることも多々あるでしょう。

　ただ、KさんはTさんのことを「柔軟性があって、おっとりしていると思ったけど、実はお調子者で、かなり気まぐれだなあ」と思う可能性

も。Tさんは Kさんのことを「もっと頼もしいかと思ったけど、自分の意見をなかなか言わず、わかりづらいなぁ……」と感じている部分があるかもしれません。特に、Kさんは「6」が2つあるため、「6」のエネルギーを周囲が感じやすい可能性が高いといえます。

　職場など社会的な場ではパーソナリティー・ナンバーの数字の役割を求められることが少なくありません。求められる役割や印象と実際の性質にどんな差があるのか、それを数字のエネルギーから感じ取って、人間関係に役立てていきましょう。

相手が上司や部下の場合

　上下関係があり、距離感のある上司や部下の場合は特に、自分の性質や得意なことをパーソナリティー・ナンバーで見られがちな場面も増えるでしょう。例えば、Tさんが部下の場合、Kさんを「困ったときにはなんとかしてくれ、自分を見守ってくれる人」と期待しがちと読み解けます。Tさんが上司であれば、Kさんのことを「部署内でアドバイスをしてくれる姉御的存在」として期待しているかもしれません。それを踏まえて、周りからの期待に応えるよう行動してみるのも有効でしょう。数字の持つよい印象を、そのままメリットとして、うまく生かせるよう職場での振る舞いのヒントにしてみてください。

◉ ソウル・ナンバー同士をみる

　最初は同僚としての付き合いだけでも、次第にプライベートでも会う仲に発展していくケースがあります。KさんとTさんも、関係が深まっていったとしましょう。またはもっと関係を深めたいと思ったとします。その場合は、ぜひソウル・ナンバーもみていきましょう。相手の本質や本音を知っておくことは、人間関係を築く上でも有効です。

Ｋさんのソウル・ナンバーは「11」、Ｔさんは「22」です。相性表では□となり、どちらもマスターナンバーです。Ｋさんは、豊かな感受性があり美しいものが好き。一方、Ｔさんは正義を求め、社会の悪に立ち向かっていくような強さがあります。直感（本音の感覚、理由がないのにそう感じてしまうこと）を大事にするＫさんの「11」と、明確な意志を持って動くＴさんの「22」では、なかなかうまく噛み合わないことがありますが、どちらもスピリチュアルな感性を持ち合わせており、そこが共通項となります。

　スピリチュアルな感性とは、例えば「目に見えないけれど、確かに存在していると感じるもの」や「証明できないけれど、意味や価値があると感じるもの」、そういったものを否定せずに受け入れる「感覚」といえます。タイプは違っても、通じるものがありますから、二人の距離が縮まってお互いを認め合うことで長く続く組み合わせとなるでしょう。

◉ もう一度、全体の数字をみる

　最後に、もう一度全体の数字をみましょう。ＫさんとＴさんは二人とも、「愛」を軸とした数字（「2」や「6」、「9」）が多いことがわかります。愛の形やその温度は違っても、それぞれに愛は根づいているようです。総合的にはバラバラな相性かもしれません。付き合いが長くなっても穏やかでホッとするような間柄にはならないかもしれませんが、ぶつかり合い、認め合いながら、お互いに刺激を受けつつ関係を続けることは可能だといえそうです。

　また、仕事上の人間関係をみる場合には、役割や使命を示すディスティニー・ナンバーを見ていくのも有効でしょう。ＫさんとＴさんは二人とも「6」で同じ数字を持っています。これは二人の性質がどうあれ、役割や使命が似ており、やり方は違っても方向性が近いということ。どちらも人の役に立つことが使命ですから、同じ目標に向かって手を組ん

でいけるはずです。

　このリーディングは一つの例ですから、ここに書いてあることだけが正解ではありません。コア・ナンバーズを使って相手を多角的にみることで相性の可能性が広がっていくことでしょう。相手を深く理解しようと努めれば、視野が広がって人間性も磨かれ、もっと魅力的になっていくはずです。

ライフ・パス・ナンバー×ソウル・ナンバーの相性をみる場合

　相性をみる場合のポイントに、数字のエネルギーを意識できるか、意識しづらいかということがあります。ライフ・パス・ナンバーは意識できる部分を含むため、ある程度コントロールができますが、ソウル・ナンバーは無意識な部分が出やすく、自分でも気づかないことが少なくありません。

●ライフ・パス・ナンバー×ライフ・パス・ナンバー……意識できる部分、コントロールがある程度可能な相性をみる。

●ソウル・ナンバー×ソウル・ナンバー……無意識な部分、コントロールしにくい相性をみる。

●ライフ・パス・ナンバー×ソウル・ナンバー……意識できる部分と無意識な部分、コントロールできる部分とコントロールしにくい部分の相性を把握する。そのため、感性や価値観の違いがある場合は、相手のソウル・ナンバーに寄り添うよう意識することで、うまくいく可能性が高い。

　例えば、ライフ・パス・ナンバーが「4」の人は、論理的に考えて説得するのをよしとしますが、相手のソウル・ナンバーが「11」の場合、それはなかなか通用しません。なぜなら「11」は、直感でよいと思ったことが大切なため、「4」の正論が通じにくいのです。

　この場合、コントロールしにくい相手のソウル・ナンバーになるべく寄り添って意向を汲み、最善の策を模索する努力が必要となるでしょう。

相性リーディングⅢ
親子・きょうだいなど
近しい間柄

Personal Chart

親（Hさん）		子（Nさん）
6	ライフ・パス・ナンバー	1
33	ディスティニー・ナンバー	4
2	ソウル・ナンバー	5
2	パーソナリティー・ナンバー	11
6	バースデー・ナンバー	22
3	マチュリティー・ナンバー	5

● 全体をみる

　ほかの相性と同様に、まずは全体の数字をみていきます。どんなに近しい関係でも、親子であっても、先入観を持たずに全体の数字をながめてみましょう。納得できる数字、意外だと感じる数字、きっとさまざまだと思います。相手の一面しか見ていなかったと、改めて感じることも。いずれにしても、数字のエネルギーを通して、関係性を見直すきっかけにしていきましょう。

　例えば、親であるHさんは「6」と「2」がそれぞれ2つずつあり、同じ数字同士はもちろん、「6」と「2」も相性として同調しやすい数字同士であることがわかります。そこから、Hさんはこの2つの数字の特徴が現れやすいと読み解けます。一方、子供のNさんは数字がバラバ

ラで（ソウル・ナンバーとマチュリティー・ナンバーは同じ数字ですが、マチュリティー・ナンバーを最初から意識するのは困難。202ページ参照）、ライフ・パス・ナンバー「1」とほかのコア・ナンバーとの相性を見ても反発しやすい数字が多くあり、自身に矛盾を感じやすいタイプと読み解けます。また、親子で持っている数字を照らし合わせてみて、同じものがないということも押さえておきましょう。

● ライフ・パス・ナンバー同士をみる

　全体の数字をチェックしたら、二人のライフ・パス・ナンバーをみていきましょう。ライフ・パス・ナンバーは核となる数字ですから、どんな場面でも大切な数字となります。

　Hさんのライフ・パス・ナンバーは「6」、Nさんは「1」です。Hさんは、思いやりにあふれていて、とても献身的。責任感も強く、最後まで面倒をみるタイプ。一方、Nさんは行動力があり、自立心も旺盛。新しいことへ果敢に挑戦していくタイプです。

　親であるHさんはNさんを支えながら、愛を与え、大事に、ときには厳しく育てたことでしょう。Nさんもそんな親の愛を一身に受け、まっすぐに育ったはずです……と、うまくいけばもちろんよいのですが、「6」と「1」では、一筋縄にいかなかった可能性もあります。相性表を確認すると■となり、根本的な価値観に相違のある組み合わせで、親子とはいえ、どうも考え方が異なるようです。ともすると心配性な面が強調されるHさんと、ときには攻撃性が前面に出るNさんですから、未成年であったときはもちろん、成人した今でも、大きくぶつかり派手な言い合いをしているかもしれません。HさんはNさんのことが気になって仕方なく「そんなことをしたら危ない」など、口うるさく注意することもあるでしょうし、Nさんは親の呪縛から解放されたくて「うるさい！　放っておいてほしいのに」と、反発している可能性があるからです。

逆に、お互いの違いを受け入れたことで、「あなたが決めたことなら応援する。何かあったら私が責任をとる」といってNさんを信頼するパターンもあり、Nさんも応援されることで「母（父）のためにも、きっと第一人者になってみせる！」と、自分の道を切り開くパワーに変えていく、という場合もあるでしょう。

● ソウル・ナンバー同士をみる

ライフ・パス・ナンバーの相性をみたら、ソウル・ナンバー同士をみていきます。近い関係であればあるほど、無意識な部分が出やすいため、むしろソウル・ナンバー同士をみることで、相手を深く納得できることがあります。もし、ライフ・パス・ナンバーがピンとこない場合は、ソウル・ナンバーをじっくり掘り下げていくと、その理由がわかることもあり、関係性を見直すヒントを得られるかもしれません。

Hさんのソウル・ナンバーは「2」、Nさんは「5」です。Hさんは、相手の気持ちを汲み取るのが上手で、協調性があり、女性性の強い人。大切な人の味方になってあげたいと強く望んでいます。一方、Nさんは自由と変化を常に求め、好奇心の赴くままに飛び回りたい人。世間の常識やしがらみなどにとらわれることは好みません。相性表をみると▲となり、こちらは根本的な感性に違いがありそうです。

二人の感覚が異なるので反発することもありますが、保守的なHさんにとっては、型破りなNさんを新鮮な驚きとともにいつもハラハラさせられると感じているでしょうし、冒険心旺盛なNさんは、周りに合わせることのできるHさんを、「すごいな」と感嘆するのと同時に、そこまで自分を犠牲にする必要はないのに、と感じているかもしれません。

自身のライフ・パス・ナンバーとソウル・ナンバーの相性をチェック

　Hさん、Nさん共に、自分のライフ・パス・ナンバーとソウル・ナンバーは、それぞれ理解しやすい組み合わせのため（相性表でみると、Hさんは「6」と「2」で♡、Nさんは「1」と「5」で△）、それが相まってそれぞれの要素が、より強くなっている可能性もあります。

　例えば、レーダーチャートでみても、この組み合わせによってHさんは共感力などが強調され、Nさんは積極性などが人一倍強く出る傾向が強いといえます。反対に、相手のプラス面が、自分にとってはより苦手な分野になっている可能性もあるでしょう。例えば、Hさんは積極性などが、Nさんは共感力などが、より低くなる傾向があるとも読み解けます。

　ここまでみてきたように、ライフ・パス・ナンバー同士は価値観が異なり、ソウル・ナンバー同士は感性が異なる……こうなると、なかなか理解し合うのが大変な組み合わせと感じるでしょう。

　でも、ソウル・ナンバーの数字のエネルギーを知ることによって、Hさんは、自分の感覚で、自由が好きなNさんの世界を狭めてはいけないと認識できるかもしれません。NさんはHさんのように、相手の気持ちに歩み寄って共感することで、深い愛を感じ、人間関係を円滑にする術を改めて学ぶかもしれないのです。相手の嫌な面が浮き彫りになることもありますが、相手のよい面を再認識することで、思いやりの心が芽生えてくることもあるでしょう。

◉ ライフ・パス・ナンバーと　　ソウル・ナンバーの組み合わせをみる

　ライフ・パス・ナンバーとソウル・ナンバーもみていきましょう。Hさんのライフ・パス・ナンバーは「6」で、Nさんのソウル・ナンバー

は「5」。相性表では■で、価値観の違いが浮き彫りとなる組み合わせ
です。一方、Nさんのライフ・パス・ナンバーは「1」、Hさんのソウル・
ナンバーは「2」で、相性表では▲となっています。こちらは感性の違
いが出てきました。

　「感じ方」と「考え方」において、またもや相違が出てくる組み合わ
せです。こうなると、反発や反論が多くなり、さらにぶつかることが多
くなりそうですが、「違う感性と価値観を持っているから仕方ない」と、
むしろ心の底から割り切ることができるかもしれません。ここまで相性
が異なると、割と早い段階でその違いに気づき、学生の頃から親元を離
れ、一人暮らしを始めている可能性もあります。一緒にいるよりも、離
れたほうが、お互いのためだと本能的に感じているからです。ただし、
相性だけで「わかり合えない」「ダメだ」と決めつけるのは尚早でしょう。
なぜなら、数字のエネルギーを知って、相手を理解することに役立てて
いただきたいのが、「数秘術」なのですから。

　もし、親子関係（あるいは、きょうだいなど近しい人）に不満を抱え、
相手に敵意まで感じているとしたら、「相性において、価値観や感性が
異なるからかもしれない」と客観的に受け止める（あるいは、割り切る）
のと同時に、相手の気持ちや立場にも、ぜひ立ってみましょう。全部は
わからなくてもよいのですが、わかろうとする努力は大切。まずは「違
いを知る」ことが、関係性を変えていく第一歩となるでしょう。

◉ もう一度、全体の数字をみる

　最後に、もう一度全体の数字をみます。Hさんは「愛」と「心」を軸
にする数字（「2」と「6」、「33」。44ページ参照）が5つもあります。
Nさんは、「未来」と「現実性」を軸にする数字が2つずつ（未来は「5」、
現実性は「4」と「22」）。「軸」とするものにも、大きな違いがあります。
反対に、Hさんには、「未来」と「現実性」を軸にする数字がなく、N

さんには「心」と「愛」を軸にする数字がないことがわかるでしょう（軸とは、考え方や行動のベースになるものという意味で、もちろんその要素がまったくないということではありません）。

　やはりこんなに違ったら、「わかり合えないのではないか」と思ってしまうかもしれません。ですが、感性や価値観の違う数字を持つ人たちと、深い関係で結ばれる傾向の強い人たちは、それだけ多くの「学び」を持って生まれてきているともいえるのです。HさんとNさんは親子で、それはこれから先もずっと続く関係ですし、どうやっても変えることができません。Hさんがいなかったら、Nさんも存在しないのです。そうした関係を「縁」という言葉以外で、なんと表現できるでしょうか。

　「学び」が多いということは、それだけ大変なことも多いかもしれませんが、ほかの人では経験できないことも少なくなく、つまりは「成長」できる機会をたくさん得られるといえます。それを理解するには多くの時間を要することもありますし、どんなに時間が経っても埋められない心の距離があるかもしれません。とはいえ、「学ぶためのご縁」と思えば、そして「学び」そのものに「感謝」できるようになれば、きっと一回りも二回りも大きく成長できるでしょう。「自分が正しい」「わかってほしい」と、気持ちを相手に押しつけるのではなく、数字の持つエネルギーから何かを学び、ぜひ自身の成長につなげてみてください。

　このリーディングは一つの例で、ほかのイメージが浮かび上がってくることもあるでしょう。相性は、ときに複雑で、そう簡単には答えを出せない場合もあり、特に近しい人ほど難しいことが多いものです。大切なのは、数字のエネルギーから、自分にとって必要な「気づき」を得ること。その「気づき」を得たとき、何かが腑に落ち、肩の力が抜け、人生に向き合う力を得ることもあります。もし、これまでより「生きやすい」と感じられるなら、それは自分の心の奥にある魂とよばれる領域に、数字のエネルギーが共鳴したときなのかもしれません。

パーソナル・チャート作成表

ライフ・パス・ナンバー

生年月日から算出

| 西暦 | 生まれ月 | 生まれ日 | 合計 | 1桁に還元 (11、22、33はそのまま) |

ディスティニー・ナンバー

① 氏名をローマ字で綴る

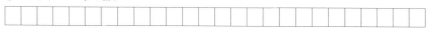

② 数字に変換して算出

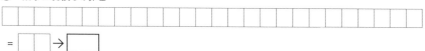

= 合計 → 1桁に還元 (11、22、33はそのまま)

ソウル・ナンバー

① 氏名の母音のみ取り出す

② 数字に変換して算出

= 合計 → 1桁に還元 (11、22、33はそのまま)

パーソナリティー・ナンバー

① 氏名の子音のみ取り出す

② 数字に変換して算出

= 合計 → 1桁に還元 (11、22、33はそのまま)

〈変換表〉

1	2	3	4	5	6	7	8	9
A	B	C	D	E	F	G	H	I
J	K	L	M	N	O	P	Q	R
S	T	U	V	W	X	Y	Z	

バースデー・ナンバー

生年月日から算出

生まれ日　　合計　　1桁に還元(11、22はそのまま)
(11日、22日生まれは足さずにそのまま)

マチュリティー・ナンバー

ライフ・パス・ナンバーとディスティニー・ナンバーから算出

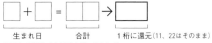

1桁に還元(11、22、33はそのまま)

パーソナル・イヤー＆マンス＆
デー・ナンバー作成表

ライフ・パス・ナンバー

（A）

生まれ月　　生まれ日　　運勢を知りたい年　　合計　　1桁に還元

パーソナル・マンス・ナンバー

（B）

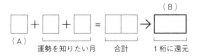

（A）　運勢を知りたい月　合計　　1桁に還元

パーソナル・デー・ナンバー

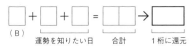

（B）　運勢を知りたい日　合計　　1桁に還元

【パーソナル・チャート】シート

名前						
コア・ナンバー						
ライフ・パス・ナンバー						
ディスティニー・ナンバー						
ソウル・ナンバー						
パーソナリティー・ナンバー						
バースデー・ナンバー						
マチュリティー・ナンバー						

※カバーの裏側に切り取って使える【パーソナル・チャート】の表が2枚ついています。コア・ナンバーズを記入してご使用ください。

【運勢サイクル（パーソナル・イヤー・ナンバー）】シート

名前	西暦・ 月など														

※この表の使い方に決まりはありません。ご自由にお使いください。

著者
水谷奏音 フォーチュンカウンセラー

商社で社長・役員秘書を務め、在勤中にフォーチュンカウンセラーの
ライセンスを取得し、独立。数秘術のほかに、パワーストーン、西洋
占星術、タロットカード、カラー、アロマをツールに鑑定・カウンセリン
グ・商品開発を行う。雑誌・各種媒体の占い連載など、執筆活動を
多数手がける。スクールで数秘術講座などを担当し、多方面で活躍中。
https://www.kanon-mizutani.com

Staff
執筆協力：鶴島よしみ
デザイン：下舘洋子
イラスト：Yu-ko Yoneta
編集：村松千絵（クリーシー）

内容に関するお問い合わせは、小社ウェブサイトお問い合わせ
フォームまでお願いいたします。
ウェブサイト　https://www.nihonbungeisha.co.jp/

基礎からわかる　数秘術の完全独習

2020年8月20日　第1刷発行

著　者	水谷奏音
発行者	吉田芳史
印刷所	図書印刷株式会社
製本所	図書印刷株式会社
発行所	株式会社日本文芸社
	〒135-0001　東京都江東区毛利2-10-18 OCMビル
	TEL 03-5638-1660（代表）

Printed in Japan　112200801-112200801Ⓝ01 （310052）
ISBN978-4-537-21824-4
URL https://www.nihonbungeisha.co.jp/
ⒸKanon Mizutani 2020
編集担当　吉村